FRANCESE

VOCABOLARIO

ITALIANO- FRANCESE

Le parole più utili
Per ampliare il proprio lessico e affinare
le proprie abilità linguistiche

3000 parole

Vocabolario Italiano-Francese per studio autodidattico - 3000 parole

Di Andrey Taranov

I vocabolari T&P Books si propongono come strumento di aiuto per apprendere, memorizzare e revisionare l'uso di termini stranieri. Il dizionario si divide in vari argomenti che includono la maggior parte delle attività quotidiane, tra cui affari, scienza, cultura, ecc.

Il processo di apprendimento delle parole attraverso i dizionari divisi in liste tematiche della collana T&P Books offre i seguenti vantaggi:

- Le fonti d'informazione correttamente raggruppate garantiscono un buon risultato nella memorizzazione delle parole
- La possibilità di memorizzare gruppi di parole con la stessa radice (piuttosto che memorizzarle separatamente)
- Piccoli gruppi di parole facilitano il processo di apprendimento per associazione, utile al potenziamento lessicale
- Il livello di conoscenza della lingua può essere valutato attraverso il numero di parole apprese

T&P Books Publishing
www.tpbooks.com

ISBN: 978-1-78314-965-0

Questo libro è disponibile anche in formato e-book.
Visitate il sito www.tpbooks.com o le principali librerie online.

VOCABOLARIO FRANCESE
per studio autodidattico

I vocabolari T&P Books si propongono come strumento di aiuto per apprendere, memorizzare e revisionare l'uso di termini stranieri. Il vocabolario contiene oltre 3000 parole di uso comune ordinate per argomenti.

- Il vocabolario contiene le parole più comunemente usate
- È consigliato in aggiunta ad un corso di lingua
- Risponde alle esigenze degli studenti di lingue straniere sia essi principianti o di livello avanzato
- Pratico per un uso quotidiano, per gli esercizi di revisione e di autovalutazione
- Consente di valutare la conoscenza del proprio lessico

Caratteristiche specifiche del vocabolario:

- Le parole sono ordinate secondo il proprio significato e non alfabeticamente
- Le parole sono riportate in tre colonne diverse per facilitare il metodo di revisione e autovalutazione
- I gruppi di parole sono divisi in sottogruppi per facilitare il processo di apprendimento
- Il vocabolario offre una pratica e semplice trascrizione fonetica per ogni termine straniero

Il vocabolario contiene 101 argomenti tra cui:

Concetti di Base, Numeri, Colori, Mesi, Stagioni, Unità di Misura, Abbigliamento e Accessori, Cibo e Alimentazione, Ristorante, Membri della Famiglia, Parenti, Personalità, Sentimenti, Emozioni, Malattie, Città, Visita Turistica, Acquisti, Denaro, Casa, Ufficio, Lavoro d'Ufficio, Import-export, Marketing, Ricerca di un Lavoro, Sport, Istruzione, Computer, Internet, Utensili, Natura, Paesi, Nazionalità e altro ancora …

INDICE

GUIDA ALLA PRONUNCIA

Lettera	Esempio francese	Alfabeto fonetico T&P	Esempio italiano

Vocali

Lettera	Esempio francese	Alfabeto fonetico T&P	Esempio italiano
A a	cravate	[a]	macchia
E e	mer	[ɛ]	centro
I i [1]	hier	[j]	New York
I i [2]	musique	[i]	vittoria
O o	porte	[o], [ɔ]	notte
U u	rue	[y]	luccio
Y y [3]	yacht	[j]	New York
Y y [4]	type	[i]	vittoria

Consonanti

Lettera	Esempio francese	Alfabeto fonetico T&P	Esempio italiano
B b	robe	[b]	bianco
C c [5]	place	[s]	sapere
C c [6]	canard	[k]	cometa
Ç ç	leçon	[s]	sapere
D d	disque	[d]	doccia
F f	femme	[f]	ferrovia
G g [7]	page	[ʒ]	beige
G g [8]	gare	[g]	guerriero
H h	héros	[h]	[h] - consonante muta
J j	jour	[ʒ]	beige
K k	kilo	[k]	cometa
L l	aller	[l]	saluto
M m	maison	[m]	mostra
N n	nom	[n]	notte
P p	papier	[p]	pieno
Q q	cinq	[k]	cometa
R r	mars	[r]	raro
S s [9]	raison	[z]	rosa
S s [10]	sac	[s]	sapere
T t	table	[t]	tattica
V v	verre	[v]	volare
W w	Taïwan	[w]	week-end
X x [11]	expliquer	[ks]	taxi
X x [12]	exact	[gz]	inglese - exam
X x [13]	dix	[s]	sapere

Lettera	Esempio francese	Alfabeto fonetico T&P	Esempio italiano
X x [14]	dixième	[z]	rosa
Z z	zéro	[z]	rosa

Combinazioni di lettere

ai	faire	[ɛ]	centro
au	faute	[o], [o:]	mostra, coordinare
ay	payer	[eɪ]	seicento
ei	treize	[ɛ]	centro
eau	eau	[o], [o:]	mostra, coordinare
eu	beurre	[ø]	oblò
œ	œil	[ø]	oblò
œu	cœur	[ø:]	oblò
ou	nous	[u]	prugno
oi	noir	[wa]	arrivare
oy	voyage	[wa]	arrivare
qu	quartier	[k]	cometa
ch	chat	[ʃ]	ruscello
th	thé	[t]	tattica
ph	photo	[f]	ferrovia
gu [15]	guerre	[g]	guerriero
ge [16]	géographie	[ʒ]	beige
gn	ligne	[ɲ]	stagno
on, om	maison, nom	[ɔ̃]	[o] - vocale nasale

Note di commento

[1] prima delle vocali
[2] altrove
[3] prima delle vocali
[4] altrove
[5] prima di e, i, y
[6] altrove
[7] prima di e, i, y
[8] altrove
[9] tra due vocali
[10] altrove
[11] la maggior parte dei casi
[12] raramente
[13] con dix, six, soixante
[14] con dixième, sixième
[15] prima di e, i, u
[16] prima di a, o, y

ABBREVIAZIONI
usate nel vocabolario

agg	-	aggettivo
anim.	-	animato
avv	-	avverbio
cong	-	congiunzione
ecc.	-	eccetera
f	-	sostantivo femminile
f pl	-	femminile plurale
fem.	-	femminile
form.	-	formale
inanim.	-	inanimato
inform.	-	familiare
m	-	sostantivo maschile
m pl	-	maschile plurale
m, f	-	maschile, femminile
masc.	-	maschile
mil.	-	militare
pl	-	plurale
pron	-	pronome
qc	-	qualcosa
qn	-	qualcuno
sing.	-	singolare
v aus	-	verbo ausiliare
vi	-	verbo intransitivo
vi, vt	-	verbo intransitivo, transitivo
vr	-	verbo riflessivo
vt	-	verbo transitivo

prep.	-	preposizione
v imp	-	verbo impersonale
vp	-	verbo pronominale

CONCETTI DI BASE

1. Pronomi

io	je	[ʒə]
tu	tu	[ty]
lui	il	[il]
lei	elle	[ɛl]
esso	ça	[sa]
noi	nous	[nu]
voi	vous	[vu]
essi (masc.)	ils	[il]
esse (fem.)	elles	[ɛl]

2. Saluti. Convenevoli

Salve!	Bonjour!	[bɔ̃ʒur]
Buongiorno!	Bonjour!	[bɔ̃ʒur]
Buongiorno! (la mattina)	Bonjour!	[bɔ̃ʒur]
Buon pomeriggio!	Bonjour!	[bɔ̃ʒur]
Buonasera!	Bonsoir!	[bɔ̃swar]

salutare (vt)	dire bonjour	[dir bɔ̃ʒur]
Ciao! Salve!	Salut!	[saly]
saluto (m)	salut (m)	[saly]
salutare (vt)	saluer (vt)	[salɥe]
Come sta?	Comment allez-vous?	[kɔmɑ̃talevu]
Come stai?	Comment ça va?	[kɔmɑ̃ sa va]
Che c'è di nuovo?	Quoi de neuf?	[kwa də nœf]

Ciao! Ci vediamo!	Au revoir!	[orəvwar]
A presto!	À bientôt!	[a bjɛ̃to]
Addio!	Adieu!	[adjø]
congedarsi (vr)	dire au revoir	[dir ərəvwar]
Ciao! (A presto!)	Salut!	[saly]

Grazie!	Merci!	[mɛrsi]
Grazie mille!	Merci beaucoup!	[mɛrsi boku]
Prego	Je vous en prie	[ʒə vuzɑ̃pri]
Non c'è di che!	Il n'y a pas de quoi	[il njapa də kwa]
Di niente	Pas de quoi	[pa də kwa]

Scusa!	Excuse-moi!	[ɛkskyz mwa]
Scusi!	Excusez-moi!	[ɛkskyze mwa]
scusare (vt)	excuser (vt)	[ɛkskyze]
scusarsi (vr)	s'excuser (vp)	[sɛkskyze]

Chiedo scusa	Mes excuses	[me zɛkskyz]
Mi perdoni!	Pardonnez-moi!	[pardɔne mwa]
perdonare (vt)	pardonner (vt)	[pardɔne]
Non fa niente	C'est pas grave	[sepagrav]
per favore	s'il vous plaît	[silvuple]

Non dimentichi!	N'oubliez pas!	[nublije pɑ]
Certamente!	Bien sûr!	[bjɛ̃ syːr]
Certamente no!	Bien sûr que non!	[bjɛ̃ syr kə nɔ̃]
D'accordo!	D'accord!	[dakɔr]
Basta!	Ça suffit!	[sa syfi]

3. Domande

Chi?	Qui?	[ki]
Che cosa?	Quoi?	[kwa]
Dove? (in che luogo?)	Où?	[u]
Dove? (~ vai?)	Où?	[u]
Di dove?, Da dove?	D'où?	[du]
Quando?	Quand?	[kɑ̃]
Perché? (per quale scopo?)	Pourquoi?	[purkwa]
Perché? (per quale ragione?)	Pourquoi?	[purkwa]

Per che cosa?	À quoi bon?	[ɑ kwa bɔ̃]
Come?	Comment?	[kɔmɑ̃]
Che? (~ colore è?)	Quel?	[kɛl]
Quale?	Lequel?	[ləkɛl]

A chi?	À qui?	[ɑ ki]
Di chi?	De qui?	[də ki]
Di che cosa?	De quoi?	[də kwa]
Con chi?	Avec qui?	[avɛk ki]

| Quanti?, Quanto? | Combien? | [kɔ̃bjɛ̃] |
| Di chi? | À qui? | [ɑ ki] |

4. Preposizioni

con (tè ~ il latte)	avec ... (prep.)	[avɛk]
senza	sans ... (prep.)	[sɑ̃]
a (andare ~...)	à ... (prep.)	[ɑ]
di (parlare ~...)	de ... (prep.)	[də]
prima di ...	avant (prep.)	[avɑ̃]
di fronte a ...	devant (prep.)	[dəvɑ̃]

sotto (avv)	sous ... (prep.)	[su]
sopra (al di ~)	au-dessus de ... (prep.)	[odsy də]
su (sul tavolo, ecc.)	sur ... (prep.)	[syr]
da, di (via da ..., fuori di ...)	de ... (prep.)	[də]
di (fatto ~ cartone)	en ... (prep.)	[ɑ̃]
fra (~ dieci minuti)	dans ... (prep.)	[dɑ̃]
attraverso (dall'altra parte)	par dessus ... (prep.)	[par dəsy]

5. Parole grammaticali. Avverbi. Parte 1

Dove?	Où?	[u]
qui (in questo luogo)	ici (avv)	[isi]
lì (in quel luogo)	là-bas (avv)	[laba]
da qualche parte (essere ~)	quelque part (avv)	[kɛlkə par]
da nessuna parte	nulle part (avv)	[nyl par]
vicino a ...	près de ... (prep.)	[prɛ də]
vicino alla finestra	près de la fenêtre	[prɛdə la fənɛtr]
Dove?	Où?	[u]
qui (vieni ~)	ici (avv)	[isi]
ci (~ vado stasera)	là-bas (avv)	[laba]
da qui	d'ici (avv)	[disi]
da lì	de là-bas (avv)	[də laba]
vicino, accanto (avv)	près (avv)	[prɛ]
lontano (avv)	loin (avv)	[lwɛ̃]
vicino (~ a Parigi)	près de ...	[prɛ də]
vicino (qui ~)	tout près (avv)	[tu prɛ]
non lontano	pas loin (avv)	[pa lwɛ̃]
sinistro (agg)	gauche (agg)	[goʃ]
a sinistra (rimanere ~)	à gauche (avv)	[agoʃ]
a sinistra (girare ~)	à gauche (avv)	[agoʃ]
destro (agg)	droit (agg)	[drwa]
a destra (rimanere ~)	à droite (avv)	[adrwat]
a destra (girare ~)	à droite (avv)	[adrwat]
davanti	devant (avv)	[dəvɑ̃]
anteriore (agg)	de devant (agg)	[də dəvɑ̃]
avanti	en avant (avv)	[an avɑ̃]
dietro (avv)	derrière (avv)	[dɛrjɛr]
da dietro	par derrière (avv)	[par dɛrjɛr]
indietro	en arrière (avv)	[an arjɛr]
mezzo (m), centro (m)	milieu (m)	[miljø]
in mezzo, al centro	au milieu (avv)	[omiljø]
di fianco	de côté (avv)	[də kote]
dappertutto	partout (avv)	[partu]
attorno	autour (avv)	[otur]
da dentro	de l'intérieur	[də lɛ̃terjœr]
da qualche parte (andare ~)	quelque part (avv)	[kɛlkə par]
dritto (direttamente)	tout droit (avv)	[tu drwa]
indietro	en arrière (avv)	[an arjɛr]
da qualsiasi parte	de quelque part	[də kɛlkə par]
da qualche posto (veniamo ~)	de quelque part	[də kɛlkə par]

in primo luogo	premièrement (avv)	[prəmjɛrmɑ̃]
in secondo luogo	deuxièmement (avv)	[døzjɛmmɑ̃]
in terzo luogo	troisièmement (avv)	[trwazjɛmmɑ̃]

all'improvviso	soudain (avv)	[sudɛ̃]
all'inizio	au début (avv)	[odeby]
per la prima volta	pour la première fois	[pur la prəmjɛr fwa]
molto tempo prima di...	bien avant ...	[bjɛn avɑ̃]
di nuovo	de nouveau (avv)	[də nuvo]
per sempre	pour toujours (avv)	[pur tuʒur]

mai	jamais (avv)	[ʒamɛ]
ancora	encore (avv)	[ɑ̃kɔr]
adesso	maintenant (avv)	[mɛ̃tnɑ̃]
spesso (avv)	souvent (avv)	[suvɑ̃]
allora	alors (avv)	[alɔr]
urgentemente	d'urgence (avv)	[dyrʒɑ̃s]
di solito	d'habitude (avv)	[dabityd]

a proposito, ...	à propos, ...	[aprɔpo]
è possibile	c'est possible	[sepɔsibl]
probabilmente	probablement (avv)	[prɔbabləmɑ̃]
forse	peut-être (avv)	[pøtɛtr]
inoltre ...	en plus, ...	[ɑ̃plys]
ecco perché ...	c'est pourquoi ...	[se purkwa]
nonostante (~ tutto)	malgré ...	[malgre]
grazie a ...	grâce à ...	[gras ɑ]

che cosa (pron)	quoi (pron)	[kwa]
che (cong)	que (cong)	[kə]
qualcosa (qualsiasi cosa)	quelque chose (pron)	[kɛlkə ʃoz]
qualcosa (le serve ~?)	quelque chose (pron)	[kɛlkə ʃoz]
niente	rien	[rjɛ̃]

chi (pron)	qui (pron)	[ki]
qualcuno (annuire a ~)	quelqu'un (pron)	[kɛlkœ̃]
qualcuno (dipendere da ~)	quelqu'un (pron)	[kɛlkœ̃]

nessuno	personne (pron)	[pɛrsɔn]
da nessuna parte	nulle part (avv)	[nyl par]
di nessuno	de personne	[də pɛrsɔn]
di qualcuno	de n'importe qui	[də nɛ̃pɔrt ki]

così (era ~ arrabbiato)	comme ça (avv)	[kɔmsa]
anche (penso ~ a ...)	également (avv)	[egalmɑ̃]
anche, pure	aussi (avv)	[osi]

6. Parole grammaticali. Avverbi. Parte 2

Perché?	Pourquoi?	[purkwa]
per qualche ragione	on ne sait pourquoi	[ɔ̃nə sɛ purkwa]
perché ...	parce que ...	[parskə]
per qualche motivo	pour une raison quelconque	[pur yn rɛzɔ̃ kɛlkɔ̃k]

e (cong)	et (cong)	[e]
o (sì ~ no?)	ou (cong)	[u]
ma (però)	mais (cong)	[mɛ]
per (~ me)	pour ... (prep.)	[pur]

troppo	trop (avv)	[tro]
solo (avv)	seulement (avv)	[sœlmã]
esattamente	précisément (avv)	[presizemã]
circa (~ 10 dollari)	autour de ... (prep.)	[otur də]

approssimativamente	approximativement	[aprɔksimativmã]
approssimativo (agg)	approximatif (agg)	[aprɔksimatif]
quasi	presque (avv)	[prɛsk]
resto	reste (m)	[rɛst]

l'altro (~ libro)	l'autre (agg)	[lotr]
altro (differente)	autre (agg)	[otr]
ogni (agg)	chaque (agg)	[ʃak]
qualsiasi (agg)	n'importe quel (agg)	[nɛ̃pɔrt kɛl]
molti, molto	beaucoup (avv)	[boku]
molta gente	plusieurs (pron)	[plyzjœr]
tutto, tutti	touts les ... , toutes les ...	[tut le], [tut le]

in cambio di ...	en échange de ...	[ɑn eʃɑʒ də ...]
in cambio	en échange (avv)	[ɑn eʃɑʒ]
a mano (fatto ~)	à la main (avv)	[ɑlamɛ̃]
poco probabile	peu probable (agg)	[pø prɔbabl]

probabilmente	probablement (avv)	[prɔbabləmã]
apposta	exprès (avv)	[ɛksprɛ]
per caso	par hasard (avv)	[par azar]

molto (avv)	très (avv)	[trɛ]
per esempio	par exemple (avv)	[par ɛgzãp]
fra (~ due)	entre ... (prep.)	[ãtr]
fra (~ più di due)	parmi ... (prep.)	[parmi]
tanto (quantità)	autant (avv)	[otã]
soprattutto	surtout (avv)	[syrtu]

NUMERI. VARIE

7. Numeri cardinali. Parte 1

zero (m)	zéro	[zero]
uno	un	[œ̃]
due	deux	[dø]
tre	trois	[trwa]
quattro	quatre	[katr]
cinque	cinq	[sɛ̃k]
sei	six	[sis]
sette	sept	[sɛt]
otto	huit	[ɥit]
nove	neuf	[nœf]
dieci	dix	[dis]
undici	onze	[ɔ̃z]
dodici	douze	[duz]
tredici	treize	[trɛz]
quattordici	quatorze	[katɔrz]
quindici	quinze	[kɛ̃z]
sedici	seize	[sɛz]
diciassette	dix-sept	[disɛt]
diciotto	dix-huit	[dizɥit]
diciannove	dix-neuf	[diznœf]
venti	vingt	[vɛ̃]
ventuno	vingt et un	[vɛ̃teœ̃]
ventidue	vingt-deux	[vɛ̃tdø]
ventitre	vingt-trois	[vɛ̃trwa]
trenta	trente	[trɑ̃t]
trentuno	trente et un	[trɑ̃teœ̃]
trentadue	trente-deux	[trɑ̃t dø]
trentatre	trente-trois	[trɑ̃t trwa]
quaranta	quarante	[karɑ̃t]
quarantuno	quarante et un	[karɑ̃teœ̃]
quarantadue	quarante-deux	[karɑ̃t dø]
quarantatre	quarante-trois	[karɑ̃t trwa]
cinquanta	cinquante	[sɛ̃kɑ̃t]
cinquantuno	cinquante et un	[sɛ̃kɑ̃teœ̃]
cinquantadue	cinquante-deux	[sɛ̃kɑ̃t dø]
cinquantatre	cinquante-trois	[sɛ̃kɑ̃t trwa]
sessanta	soixante	[swasɑ̃t]
sessantuno	soixante et un	[swasɑ̃teœ̃]

| sessantadue | soixante-deux | [swasãt dø] |
| sessantatre | soixante-trois | [swasãt trwa] |

settanta	soixante-dix	[swasãtdis]
settantuno	soixante et onze	[swasãte ɔ̃z]
settantadue	soixante-douze	[swasãt duz]
settantatre	soixante-treize	[swasãt trɛz]

ottanta	quatre-vingts	[katrəvɛ̃]
ottantuno	quatre-vingt et un	[katrəvɛ̃teœ̃]
ottantadue	quatre-vingt deux	[katrəvɛ̃ dø]
ottantatre	quatre-vingt trois	[katrəvɛ̃ trwa]

novanta	quatre-vingt-dix	[katrəvɛ̃dis]
novantuno	quatre-vingt et onze	[katrəvɛ̃ teɔ̃z]
novantadue	quatre-vingt-douze	[katrəvɛ̃ duz]
novantatre	quatre-vingt-treize	[katrəvɛ̃ trɛz]

8. Numeri cardinali. Parte 2

cento	cent	[sã]
duecento	deux cents	[dø sã]
trecento	trois cents	[trwa sã]
quattrocento	quatre cents	[katr sã]
cinquecento	cinq cents	[sɛ̃k sã]

seicento	six cents	[si sã]
settecento	sept cents	[sɛt sã]
ottocento	huit cents	[ɥi sã]
novecento	neuf cents	[nœf sã]

mille	mille	[mil]
duemila	deux mille	[dø mil]
tremila	trois mille	[trwa mil]
diecimila	dix mille	[di mil]
centomila	cent mille	[sã mil]
milione (m)	million (m)	[miljɔ̃]
miliardo (m)	milliard (m)	[miljar]

9. Numeri ordinali

primo	premier (agg)	[prəmje]
secondo	deuxième (agg)	[døzjɛm]
terzo	troisième (agg)	[trwazjɛm]
quarto	quatrième (agg)	[katrijɛm]
quinto	cinquième (agg)	[sɛ̃kjɛm]

sesto	sixième (agg)	[sizjɛm]
settimo	septième (agg)	[sɛtjɛm]
ottavo	huitième (agg)	[ɥitjɛm]
nono	neuvième (agg)	[nœvjɛm]
decimo	dixième (agg)	[dizjɛm]

COLORI. UNITÀ DI MISURA

10. Colori

colore (m)	couleur (f)	[kulœr]
sfumatura (f)	teinte (f)	[tɛ̃t]
tono (m)	ton (m)	[tõ]
arcobaleno (m)	arc-en-ciel (m)	[arkãsjɛl]
bianco (agg)	blanc (agg)	[blã]
nero (agg)	noir (agg)	[nwar]
grigio (agg)	gris (agg)	[gri]
verde (agg)	vert (agg)	[vɛr]
giallo (agg)	jaune (agg)	[ʒon]
rosso (agg)	rouge (agg)	[ruʒ]
blu (agg)	bleu (agg)	[blø]
azzurro (agg)	bleu clair (agg)	[blø klɛr]
rosa (agg)	rose (agg)	[roz]
arancione (agg)	orange (agg)	[ɔrãʒ]
violetto (agg)	violet (agg)	[vjɔlɛ]
marrone (agg)	brun (agg)	[brœ̃]
d'oro (agg)	d'or (agg)	[dɔr]
argenteo (agg)	argenté (agg)	[arʒãte]
beige (agg)	beige (agg)	[bɛʒ]
color crema (agg)	crème (agg)	[krɛm]
turchese (agg)	turquoise (agg)	[tyrkwaz]
rosso ciliegia (agg)	rouge cerise (agg)	[ruʒ səriz]
lilla (agg)	lilas (agg)	[lila]
rosso lampone (agg)	framboise (agg)	[frãbwaz]
chiaro (agg)	clair (agg)	[klɛr]
scuro (agg)	foncé (agg)	[fõse]
vivo, vivido (agg)	vif (agg)	[vif]
colorato (agg)	de couleur (agg)	[də kulœr]
a colori	en couleurs (agg)	[ã kulœr]
bianco e nero (agg)	noir et blanc (agg)	[nwar e blã]
in tinta unita	monochrome (agg)	[mɔnɔkrom]
multicolore (agg)	multicolore (agg)	[myltikɔlɔr]

11. Unità di misura

peso (m)	poids (m)	[pwa]
lunghezza (f)	longueur (f)	[lõgœr]

larghezza (f)	largeur (f)	[larʒœr]
altezza (f)	hauteur (f)	[otœr]
profondità (f)	profondeur (f)	[prɔfõdœr]
volume (m)	volume (m)	[vɔlym]
area (f)	surface (f)	[syrfas]

grammo (m)	gramme (m)	[gram]
milligrammo (m)	milligramme (m)	[miligram]
chilogrammo (m)	kilogramme (m)	[kilɔgram]
tonnellata (f)	tonne (f)	[tɔn]
libbra (f)	livre (f)	[livr]
oncia (f)	once (f)	[õs]

metro (m)	mètre (m)	[mɛtr]
millimetro (m)	millimètre (m)	[milimɛtr]
centimetro (m)	centimètre (m)	[sãtimɛtr]
chilometro (m)	kilomètre (m)	[kilɔmɛtr]
miglio (m)	mille (m)	[mil]

pollice (m)	pouce (m)	[pus]
piede (f)	pied (m)	[pje]
iarda (f)	yard (m)	[jard]

metro (m) quadro	mètre (m) carré	[mɛtr kare]
ettaro (m)	hectare (m)	[ɛktar]

litro (m)	litre (m)	[litr]
grado (m)	degré (m)	[dəgre]
volt (m)	volt (m)	[vɔlt]
ampere (m)	ampère (m)	[ãpɛr]
cavallo vapore (m)	cheval-vapeur (m)	[ʃəvalvapœr]

quantità (f)	quantité (f)	[kãtite]
un po' di ...	un peu de ...	[œ̃ pø də]
metà (f)	moitié (f)	[mwatje]
dozzina (f)	douzaine (f)	[duzɛn]
pezzo (m)	pièce (f)	[pjɛs]

dimensione (f)	dimension (f)	[dimãsjõ]
scala (f) (modello in ~)	échelle (f)	[eʃɛl]

minimo (agg)	minimal (agg)	[minimal]
minore (agg)	le plus petit (agg)	[lə ply pəti]
medio (agg)	moyen (agg)	[mwajɛ̃]
massimo (agg)	maximal (agg)	[maksimal]
maggiore (agg)	le plus grand (agg)	[lə ply grã]

12. Contenitori

barattolo (m) di vetro	bocal (m)	[bɔkal]
latta, lattina (f)	boîte (f) en fer-blanc	[bwat ã fɛrblã]
secchio (m)	seau (m)	[so]
barile (m), botte (f)	tonneau (m)	[tɔno]
catino (m)	bassine (f)	[basin]

serbatoio (m) (per liquidi)	réservoir (m)	[rezɛrvwar]
fiaschetta (f)	flasque (f)	[flask]
tanica (f)	jerrycan (m)	[ʒerikan]
cisterna (f)	citerne (f)	[sitɛrn]

tazza (f)	grande tasse (f)	[grɑ̃d tɑs]
tazzina (f) (~ di caffé)	tasse (f)	[tɑs]
piattino (m)	soucoupe (f)	[sukup]
bicchiere (m) (senza stelo)	verre (m)	[vɛr]
calice (m)	verre (m) à pied	[vɛr ɑ pje]
casseruola (f)	casserole (f)	[kasrɔl]

| bottiglia (f) | bouteille (f) | [butɛj] |
| collo (m) (~ della bottiglia) | goulot (m) | [gulo] |

caraffa (f)	carafe (f)	[karaf]
brocca (f)	cruche (f)	[kryʃ]
recipiente (m)	récipient (m)	[resipjɑ̃]
vaso (m) di coccio	pot (m)	[po]
vaso (m) di fiori	vase (m)	[vaz]

boccetta (f) (~ di profumo)	flacon (m)	[flakɔ̃]
fiala (f)	fiole (f)	[fjɔl]
tubetto (m)	tube (m)	[tyb]

sacco (m) (~ di patate)	sac (m)	[sak]
sacchetto (m) (~ di plastica)	sac (m)	[sak]
pacchetto (m) (~ di sigarette, ecc.)	paquet (m)	[pakɛ]

scatola (f) (~ per scarpe)	boîte (f)	[bwat]
cassa (f) (~ di vino, ecc.)	caisse (f)	[kɛs]
cesta (f)	panier (m)	[panje]

I VERBI PIÙ IMPORTANTI

13. I verbi più importanti. Parte 1

accorgersi (vr)	apercevoir (vt)	[apɛrsəvwar]
afferrare (vt)	attraper (vt)	[atrape]
affittare (dare in affitto)	louer (vt)	[lwe]
aiutare (vt)	aider (vt)	[ede]
amare (qn)	aimer (vt)	[eme]
andare (camminare)	aller (vi)	[ale]
annotare (vt)	prendre en note	[prãdr ã nɔt]
appartenere (vi)	appartenir à ...	[apartənir a]
aprire (vt)	ouvrir (vt)	[uvrir]
arrivare (vi)	venir (vi)	[vənir]
aspettare (vt)	attendre (vt)	[atãdr]
avere (vt)	avoir (vt)	[avwar]
avere fame	avoir faim	[avwar fɛ̃]
avere fretta	être pressé	[ɛtr prese]
avere paura	avoir peur	[avwar pœr]
avere sete	avoir soif	[avwar swaf]
avvertire (vt)	avertir (vt)	[avɛrtir]
cacciare (vt)	chasser (vi, vt)	[ʃase]
cadere (vi)	tomber (vi)	[tõbe]
cambiare (vt)	changer (vt)	[ʃãʒe]
capire (vt)	comprendre (vt)	[kõprãdr]
cenare (vi)	dîner (vi)	[dine]
cercare (vt)	chercher (vt)	[ʃɛrʃe]
cessare (vt)	cesser (vt)	[sese]
chiedere (~ aiuto)	appeler (vt)	[aple]
chiedere (domandare)	demander (vt)	[dəmãde]
cominciare (vt)	commencer (vt)	[kɔmãse]
comparare (vt)	comparer (vt)	[kõpare]
confondere (vt)	confondre (vt)	[kõfõdr]
conoscere (qn)	connaître (vt)	[kɔnɛtr]
conservare (vt)	garder (vt)	[garde]
consigliare (vt)	conseiller (vt)	[kõseje]
contare (calcolare)	compter (vi, vt)	[kõte]
contare su ...	compter sur ...	[kõte syr]
continuare (vt)	continuer (vt)	[kõtinɥe]
controllare (vt)	contrôler (vt)	[kõtrole]
correre (vi)	courir (vt)	[kurir]
costare (vt)	coûter (vt)	[kute]
creare (vt)	créer (vt)	[kree]
cucinare (vi)	préparer (vt)	[prepare]

14. I verbi più importanti. Parte 2

dare (vt)	donner (vt)	[dɔne]
dare un suggerimento	donner un indice	[dɔne ynɛ̃dis]
decorare (adornare)	décorer (vt)	[dekɔre]

difendere (~ un paese)	défendre (vt)	[defɑ̃dr]
dimenticare (vt)	oublier (vt)	[ublije]
dire (~ la verità)	dire (vt)	[dir]
dirigere (compagnia, ecc.)	diriger (vt)	[diriʒe]
discutere (vt)	discuter (vt)	[diskyte]
domandare (vt)	demander (vt)	[dəmɑ̃de]
dubitare (vi)	douter (vt)	[dute]

entrare (vi)	entrer (vi)	[ɑ̃tre]
esigere (vt)	exiger (vt)	[ɛgziʒe]
esistere (vi)	exister (vi)	[ɛgziste]
essere (vi)	être (vi)	[ɛtr]
essere d'accordo	être d'accord	[ɛtr dakɔr]

fare (vt)	faire (vt)	[fɛr]
fare colazione	prendre le petit déjeuner	[prɑ̃dr ləpti deʒœne]
fare il bagno	se baigner (vp)	[sə beɲe]
fermarsi (vr)	s'arrêter (vp)	[sarete]
fidarsi (vr)	avoir confiance	[avwar kɔ̃fjɑ̃s]
finire (vt)	finir (vt)	[finir]
firmare (~ un documento)	signer (vt)	[siɲe]

giocare (vi)	jouer (vt)	[ʒwe]
girare (~ a destra)	tourner (vi)	[turne]
gridare (vi)	crier (vi)	[krije]

indovinare (vt)	deviner (vt)	[dəvine]
informare (vt)	informer (vt)	[ɛ̃fɔrme]
ingannare (vt)	tromper (vt)	[trɔ̃pe]
insistere (vi)	insister (vi)	[ɛ̃siste]
insultare (vt)	insulter (vt)	[ɛ̃sylte]
interessarsi di …	s'intéresser (vp)	[sɛ̃terese]
invitare (vt)	inviter (vt)	[ɛ̃vite]

15. I verbi più importanti. Parte 3

lamentarsi (vr)	se plaindre (vp)	[sə plɛ̃dr]
lasciar cadere	faire tomber	[fɛr tɔ̃be]
lavorare (vi)	travailler (vi)	[travaje]
leggere (vi, vt)	lire (vi, vt)	[lir]
liberare (vt)	libérer (vt)	[libere]

mancare le lezioni	manquer (vt)	[mɑ̃ke]
mandare (vt)	envoyer (vt)	[ɑ̃vwaje]
menzionare (vt)	mentionner (vt)	[mɑ̃sjɔne]
minacciare (vt)	menacer (vt)	[mənase]
mostrare (vt)	montrer (vt)	[mɔ̃tre]

nascondere (vt)	cacher (vt)	[kaʃe]
nuotare (vi)	nager (vi)	[naʒe]

obiettare (vt)	objecter (vt)	[ɔbʒɛkte]
occorrere (vimp)	être nécessaire	[ɛtr nesesɛr]
ordinare (~ il pranzo)	commander (vt)	[kɔmãde]
ordinare (mil.)	ordonner (vt)	[ɔrdɔne]
osservare (vt)	observer (vt)	[ɔpsɛrve]

pagare (vi, vt)	payer (vi, vt)	[peje]
parlare (vi, vt)	parler (vi, vt)	[parle]
partecipare (vi)	participer à ...	[partisipe a]
pensare (vi, vt)	penser (vi, vt)	[pãse]
perdonare (vt)	pardonner (vt)	[pardɔne]
permettere (vt)	permettre (vt)	[pɛrmɛtr]

piacere (vi)	plaire (vt)	[plɛr]
piangere (vi)	pleurer (vi)	[plœre]
pianificare (vt)	planifier (vt)	[planifje]
possedere (vt)	posséder (vt)	[pɔsede]
potere (v aus)	pouvoir (v aus)	[puvwar]

pranzare (vi)	déjeuner (vi)	[deʒœne]
preferire (vt)	préférer (vt)	[prefere]
pregare (vi, vt)	prier (vt)	[prije]
prendere (vt)	prendre (vt)	[prãdr]
prevedere (vt)	prévoir (vt)	[prevwar]

promettere (vt)	promettre (vt)	[prɔmɛtr]
pronunciare (vt)	prononcer (vt)	[prɔnõse]
proporre (vt)	proposer (vt)	[prɔpoze]
punire (vt)	punir (vt)	[pynir]

16. I verbi più importanti. Parte 4

raccomandare (vt)	recommander (vt)	[rəkɔmãde]
ridere (vi)	rire (vi)	[rir]
rifiutarsi (vr)	se refuser (vp)	[sə rəfyze]
rincrescere (vi)	regretter (vt)	[rəgrɛte]

ripetere (ridire)	répéter (vt)	[repete]
riservare (vt)	réserver (vt)	[rezɛrve]
rispondere (vi, vt)	répondre (vi, vt)	[repõdr]
rompere (spaccare)	casser (vt)	[kase]
rubare (~ i soldi)	voler (vt)	[vɔle]

salvare (~ la vita a qn)	sauver (vt)	[sove]
sapere (vt)	savoir (vt)	[savwar]
sbagliare (vi)	se tromper (vp)	[sə trõpe]

scavare (vt)	creuser (vt)	[krøze]
scegliere (vt)	choisir (vt)	[ʃwazir]
scendere (vi)	descendre (vi)	[desãdr]
scherzare (vi)	plaisanter (vi)	[plɛzãte]

scrivere (vt)	écrire (vt)	[ekrir]
scusare (vt)	excuser (vt)	[ɛkskyze]
scusarsi (vr)	s'excuser (vp)	[sɛkskyze]

sedersi (vr)	s'asseoir (vp)	[saswar]
seguire (vt)	suivre (vt)	[sɥivr]
sgridare (vt)	gronder (vt)	[grõde]
significare (vt)	signifier (vt)	[siɲifje]
sorridere (vi)	sourire (vi)	[surir]
sottovalutare (vt)	sous-estimer (vt)	[suzɛstime]

sparare (vi)	tirer (vi)	[tire]
sperare (vi, vt)	espérer (vi)	[ɛspere]
spiegare (vt)	expliquer (vt)	[ɛksplike]
studiare (vt)	étudier (vt)	[etydje]
stupirsi (vr)	s'étonner (vp)	[setɔne]

tacere (vi)	rester silencieux	[rɛste silãsjø]
tentare (vt)	essayer (vt)	[eseje]
toccare (~ con le mani)	toucher (vt)	[tuʃe]
tradurre (vt)	traduire (vt)	[tradɥir]
trovare (vt)	trouver (vt)	[truve]

uccidere (vt)	tuer (vt)	[tɥe]
udire (percepire suoni)	entendre (vt)	[ãtãdr]
unire (vt)	réunir (vt)	[reynir]
uscire (vi)	sortir (vi)	[sɔrtir]

vantarsi (vr)	se vanter (vp)	[sə vãte]
vedere (vt)	voir (vt)	[vwar]
vendere (vt)	vendre (vt)	[vãdr]
volare (vi)	voler (vi)	[vɔle]
volere (desiderare)	vouloir (vt)	[vulwar]

ORARIO. CALENDARIO

17. Giorni della settimana

lunedì (m)	lundi (m)	[lœ̃di]
martedì (m)	mardi (m)	[mardi]
mercoledì (m)	mercredi (m)	[mɛrkrədi]
giovedì (m)	jeudi (m)	[ʒødi]
venerdì (m)	vendredi (m)	[vɑ̃drədi]
sabato (m)	samedi (m)	[samdi]
domenica (f)	dimanche (m)	[dimɑ̃ʃ]
oggi (avv)	aujourd'hui (avv)	[oʒurdɥi]
domani	demain (avv)	[dəmɛ̃]
dopo domani	après-demain (avv)	[aprɛdmɛ̃]
ieri (avv)	hier (avv)	[ijɛr]
l'altro ieri	avant-hier (avv)	[avɑ̃tjɛr]
giorno (m)	jour (m)	[ʒur]
giorno (m) lavorativo	jour (m) ouvrable	[ʒur uvrabl]
giorno (m) festivo	jour (m) férié	[ʒur ferje]
giorno (m) di riposo	jour (m) de repos	[ʒur də rəpo]
fine (m) settimana	week-end (m)	[wikɛnd]
tutto il giorno	toute la journée	[tut la ʒurne]
l'indomani	le lendemain	[lɑ̃dmɛ̃]
due giorni fa	il y a 2 jours	[ilja də ʒur]
il giorno prima	la veille	[la vɛj]
quotidiano (agg)	quotidien (agg)	[kɔtidjɛ̃]
ogni giorno	tous les jours	[tu le ʒur]
settimana (f)	semaine (f)	[səmɛn]
la settimana scorsa	la semaine dernière	[la səmɛn dɛrnjɛr]
la settimana prossima	la semaine prochaine	[la səmɛn prɔʃɛn]
settimanale (agg)	hebdomadaire (agg)	[ɛbdɔmadɛr]
ogni settimana	chaque semaine	[ʃak səmɛn]
due volte alla settimana	2 fois par semaine	[dø fwa par səmɛn]
ogni martedì	tous les mardis	[tu le mardi]

18. Ore. Giorno e notte

mattina (f)	matin (m)	[matɛ̃]
di mattina	le matin	[lə matɛ̃]
mezzogiorno (m)	midi (m)	[midi]
nel pomeriggio	dans l'après-midi	[dɑ̃ laprɛmidi]
sera (f)	soir (m)	[swar]
di sera	le soir	[lə swar]

notte (f)	nuit (f)	[nᶣi]
di notte	la nuit	[la nᶣi]
mezzanotte (f)	minuit (f)	[minᶣi]

secondo (m)	seconde (f)	[səgɔ̃d]
minuto (m)	minute (f)	[minyt]
ora (f)	heure (f)	[œr]
mezzora (f)	demi-heure (f)	[dəmijœr]
un quarto d'ora	un quart d'heure	[œ̃ kar dœr]
quindici minuti	quinze minutes	[kɛ̃z minyt]
ventiquattro ore	vingt-quatre heures	[vɛ̃tkatr œr]

levata (f) del sole	lever (m) du soleil	[ləve dy sɔlɛj]
alba (f)	aube (f)	[ob]
mattutino (m)	pointe (f) du jour	[pwɛ̃t dy ʒur]
tramonto (m)	coucher (m) du soleil	[kuʃe dy sɔlɛj]

di buon mattino	tôt le matin	[to lə matɛ̃]
stamattina	ce matin	[sə matɛ̃]
domattina	demain matin	[dəmɛ̃ matɛ̃]

oggi pomeriggio	cet après-midi	[sɛt aprɛmidi]
nel pomeriggio	dans l'après-midi	[dɑ̃ laprɛmidi]
domani pomeriggio	demain après-midi	[dəmɛn aprɛmidi]

| stasera | ce soir | [sə swar] |
| domani sera | demain soir | [dəmɛ̃ swar] |

alle tre precise	à 3 heures précises	[a trwa zœr presiz]
verso le quattro	autour de 4 heures	[otur də katr œr]
per le dodici	vers midi	[vɛr midi]

fra venti minuti	dans 20 minutes	[dɑ̃ vɛ̃ minyt]
fra un'ora	dans une heure	[dɑ̃zyn œr]
puntualmente	à temps	[a tɑ̃]

un quarto di ...	moins le quart	[mwɛ̃ lə kar]
entro un'ora	en une heure	[ɑnyn œr]
ogni quindici minuti	tous les quarts d'heure	[tu le kar dœr]
giorno e notte	24 heures sur 24	[vɛ̃tkatr œr syr vɛ̃tkatr]

19. Mesi. Stagioni

gennaio (m)	janvier (m)	[ʒɑ̃vje]
febbraio (m)	février (m)	[fevrije]
marzo (m)	mars (m)	[mars]
aprile (m)	avril (m)	[avril]
maggio (m)	mai (m)	[mɛ]
giugno (m)	juin (m)	[ʒᶣɛ̃]

luglio (m)	juillet (m)	[ʒᶣijɛ]
agosto (m)	août (m)	[ut]
settembre (m)	septembre (m)	[separemɑ̃]
ottobre (m)	octobre (m)	[ɔktɔbr]

novembre (m)	novembre (m)	[nɔvãbr]
dicembre (m)	décembre (m)	[desãbr]
primavera (f)	printemps (m)	[prɛ̃tã]
in primavera	au printemps	[oprɛ̃tã]
primaverile (agg)	de printemps (agg)	[də prɛ̃tã]
estate (f)	été (m)	[ete]
in estate	en été	[ɑn ete]
estivo (agg)	d'été (agg)	[dete]
autunno (m)	automne (m)	[otɔn]
in autunno	en automne	[ɑn otɔn]
autunnale (agg)	d'automne (agg)	[dotɔn]
inverno (m)	hiver (m)	[ivɛr]
in inverno	en hiver	[ɑn ivɛr]
invernale (agg)	d'hiver (agg)	[divɛr]
mese (m)	mois (m)	[mwa]
questo mese	ce mois	[sə mwa]
il mese prossimo	le mois prochain	[lə mwa prɔʃɛ̃]
il mese scorso	le mois dernier	[lə mwa dɛrnje]
un mese fa	il y a un mois	[ilja œ̃ mwa]
fra un mese	dans un mois	[dãzœn mwa]
fra due mesi	dans 2 mois	[dã dø mwa]
un mese intero	tout le mois	[tu lə mwa]
per tutto il mese	tout un mois	[tutœ̃ mwa]
mensile (rivista ~)	mensuel (agg)	[mãsɥɛl]
mensilmente	tous les mois	[tu le mwa]
ogni mese	chaque mois	[ʃak mwa]
due volte al mese	2 fois par mois	[dø fwa par mwa]
anno (m)	année (f)	[ane]
quest'anno	cette année	[sɛt ane]
l'anno prossimo	l'année prochaine	[lane prɔʃɛn]
l'anno scorso	l'année dernière	[lane dɛrnjɛr]
un anno fa	il y a un an	[ilja œnã]
fra un anno	dans un an	[dãzœn ã]
fra due anni	dans 2 ans	[dã dø zã]
un anno intero	toute l'année	[tut lane]
per tutto l'anno	toute une année	[tutyn ane]
ogni anno	chaque année	[ʃak ane]
annuale (agg)	annuel (agg)	[anɥɛl]
annualmente	tous les ans	[tu lezã]
quattro volte all'anno	4 fois par an	[katr fwa parã]
data (f) (~ di oggi)	date (f)	[dat]
data (f) (~ di nascita)	date (f)	[dat]
calendario (m)	calendrier (m)	[kalãdrije]
mezz'anno (m)	six mois	[si mwa]
semestre (m)	semestre (m)	[səmɛstr]

stagione (f) (estate, ecc.)	**saison** (f)	[sɛzɔ̃]
secolo (m)	**siècle** (m)	[sjɛkl]

VIAGGIO. HOTEL

20. Escursione. Viaggio

turismo (m)	tourisme (m)	[turism]
turista (m)	touriste (m)	[turist]
viaggio (m) (all'estero)	voyage (m)	[vwajaʒ]
avventura (f)	aventure (f)	[avɑ̃tyr]
viaggio (m) (corto)	voyage (m)	[vwajaʒ]
vacanza (f)	vacances (f pl)	[vakɑ̃s]
essere in vacanza	être en vacances	[ɛtr ɑ̃ vakɑ̃s]
riposo (m)	repos (m)	[rəpo]
treno (m)	train (m)	[trɛ̃]
in treno	en train	[ɑ̃ trɛ̃]
aereo (m)	avion (m)	[avjɔ̃]
in aereo	en avion	[ɑn avjɔ̃]
in macchina	en voiture	[ɑ̃ vwatyr]
in nave	en bateau	[ɑ̃ bato]
bagaglio (m)	bagage (m)	[bagaʒ]
valigia (f)	malle (f)	[mal]
carrello (m)	chariot (m)	[ʃarjo]
passaporto (m)	passeport (m)	[pɑspɔr]
visto (m)	visa (m)	[viza]
biglietto (m)	ticket (m)	[tikɛ]
biglietto (m) aereo	billet (m) d'avion	[bijɛ davjɔ̃]
guida (f)	guide (m)	[gid]
carta (f) geografica	carte (f)	[kart]
località (f)	région (f)	[reʒjɔ̃]
luogo (m)	endroit (m)	[ɑ̃drwa]
ogetti (m pl) esotici	exotisme (m)	[ɛgzɔtism]
esotico (agg)	exotique (agg)	[ɛgzɔtik]
sorprendente (agg)	étonnant (agg)	[etɔnɑ̃]
gruppo (m)	groupe (m)	[grup]
escursione (f)	excursion (f)	[ɛkskyrsjɔ̃]
guida (f) (cicerone)	guide (m)	[gid]

21. Hotel

albergo (m)	hôtel (m)	[otɛl]
motel (m)	motel (m)	[mɔtɛl]
tre stelle	3 étoiles	[trwa zetwal]

| cinque stelle | 5 étoiles | [sɛ̃k etwal] |
| alloggiare (vi) | descendre (vi) | [desɑ̃dr] |

camera (f)	chambre (f)	[ʃɑ̃br]
camera (f) singola	chambre (f) simple	[ʃɑ̃br sɛ̃pl]
camera (f) doppia	chambre (f) double	[ʃɑ̃br dubl]
prenotare una camera	réserver une chambre	[rezɛrve yn ʃɑ̃br]

| mezza pensione (f) | demi-pension (f) | [dəmipɑ̃sjɔ̃] |
| pensione (f) completa | pension (f) complète | [pɑ̃sjɔ̃ kɔ̃plɛt] |

con bagno	avec une salle de bain	[avɛk yn saldəbɛ̃]
con doccia	avec une douche	[avɛk yn duʃ]
televisione (f) satellitare	télévision (f) par satellite	[televizjɔ̃ par satelit]
condizionatore (m)	climatiseur (m)	[klimatizœr]
asciugamano (m)	serviette (f)	[sɛrvjɛt]
chiave (f)	clé, clef (f)	[kle]

amministratore (m)	administrateur (m)	[administratœr]
cameriera (f)	femme (f) de chambre	[fam də ʃɑ̃br]
portabagagli (m)	porteur (m)	[pɔrtœr]
portiere (m)	portier (m)	[pɔrtje]

ristorante (m)	restaurant (m)	[rɛstɔrɑ̃]
bar (m)	bar (m)	[bar]
colazione (f)	petit déjeuner (m)	[pəti deʒœne]
cena (f)	dîner (m)	[dine]
buffet (m)	buffet (m)	[byfɛ]

| hall (f) (atrio d'ingresso) | hall (m) | [ol] |
| ascensore (m) | ascenseur (m) | [asɑ̃sœr] |

| NON DISTURBARE | PRIÈRE DE NE PAS DÉRANGER | [prijɛr dənəpɑ derɑ̃ʒe] |
| VIETATO FUMARE! | DÉFENSE DE FUMER | [defɑ̃s də fyme] |

22. Visita turistica

monumento (m)	monument (m)	[mɔnymɑ̃]
fortezza (f)	forteresse (f)	[fɔrtərɛs]
palazzo (m)	palais (m)	[palɛ]
castello (m)	château (m)	[ʃato]
torre (f)	tour (f)	[tur]
mausoleo (m)	mausolée (m)	[mozɔle]

architettura (f)	architecture (f)	[arʃitɛktyr]
medievale (agg)	médiéval (agg)	[medjeval]
antico (agg)	ancien (agg)	[ɑ̃sjɛ̃]
nazionale (agg)	national (agg)	[nasjɔnal]
famoso (agg)	connu (agg)	[kɔny]

turista (m)	touriste (m)	[turist]
guida (f)	guide (m)	[gid]
escursione (f)	excursion (f)	[ɛkskyrsjɔ̃]

| fare vedere | montrer (vt) | [mõtre] |
| raccontare (vt) | raconter (vt) | [rakõte] |

trovare (vt)	trouver (vt)	[truve]
perdersi (vr)	se perdre (vp)	[sə pɛrdr]
mappa (f) (~ della metropolitana)	plan (m)	[plã]
piantina (f) (~ della città)	carte (f)	[kart]

souvenir (m)	souvenir (m)	[suvnir]
negozio (m) di articoli da regalo	boutique (f) de souvenirs	[butik də suvnir]
fare foto	prendre en photo	[prãdr ã fɔto]
farsi fotografare	se faire prendre en photo	[sə fɛr prãdr ã fɔto]

MEZZI DI TRASPORTO

23. Aeroporto

aeroporto (m)	aéroport (m)	[aeropɔr]
aereo (m)	avion (m)	[avjɔ̃]
compagnia (f) aerea	compagnie (f) aérienne	[kɔ̃paɲi aerjɛn]
controllore (m) di volo	contrôleur (m) aérien	[kɔ̃trolœr aerjɛ̃]
partenza (f)	départ (m)	[depar]
arrivo (m)	arrivée (f)	[arive]
arrivare (vi)	arriver (vi)	[arive]
ora (f) di partenza	temps (m) de départ	[tɑ̃ də depar]
ora (f) di arrivo	temps (m) d'arrivée	[tɑ̃ darive]
essere ritardato	être retardé	[ɛtr rətarde]
volo (m) ritardato	retard (m) de l'avion	[rətar də lavjɔ̃]
tabellone (m) orari	tableau (m) d'informations	[tablo dɛ̃fɔrmasjɔ̃]
informazione (f)	information (f)	[ɛ̃fɔrmasjɔ̃]
annunciare (vt)	annoncer (vt)	[anɔ̃se]
volo (m)	vol (m)	[vɔl]
dogana (f)	douane (f)	[dwan]
doganiere (m)	douanier (m)	[dwanje]
dichiarazione (f)	déclaration (f) de douane	[deklarasjɔ̃ də dwan]
riempire	remplir (vt)	[rɑ̃plir]
(~ una dichiarazione)		
riempire una dichiarazione	remplir la déclaration	[rɑ̃plir la deklarasjɔ̃]
controllo (m) passaporti	contrôle (m) de passeport	[kɔ̃trol də paspɔr]
bagaglio (m)	bagage (m)	[bagaʒ]
bagaglio (m) a mano	bagage (m) à main	[bagaʒ a mɛ̃]
Assistenza bagagli	service des objets trouvés	[sɛrvis de ɔbʒɛ truve]
carrello (m)	chariot (m)	[ʃarjo]
atterraggio (m)	atterrissage (m)	[aterisaʒ]
pista (f) di atterraggio	piste (f) d'atterrissage	[pist daterisaʒ]
atterrare (vi)	atterrir (vi)	[aterir]
scaletta (f) dell'aereo	escalier (m) d'avion	[ɛskalje davjɔ̃]
check-in (m)	enregistrement (m)	[ɑ̃rəʒistrəmɑ̃]
banco (m) del check-in	comptoir (m) d'enregistrement	[kɔ̃twar dɑ̃rəʒistrəmɑ̃]
fare il check-in	s'enregistrer (vp)	[sɑ̃rəʒistre]
carta (f) d'imbarco	carte (f) d'embarquement	[kart dɑ̃barkəmɑ̃]
porta (f) d'imbarco	porte (f) d'embarquement	[pɔrt dɑ̃barkəmɑ̃]
transito (m)	transit (m)	[trɑ̃zit]
aspettare (vt)	attendre (vt)	[atɑ̃dr]

sala (f) d'attesa	salle (f) d'attente	[sal datɑ̃t]
accompagnare (vt)	raccompagner (vt)	[rakɔ̃paɲe]
congedarsi (vr)	dire au revoir	[dir ərəvwar]

24. Aeroplano

aereo (m)	avion (m)	[avjɔ̃]
biglietto (m) aereo	billet (m) d'avion	[bijɛ davjɔ̃]
compagnia (f) aerea	compagnie (f) aérienne	[kɔ̃paɲi aerjɛn]
aeroporto (m)	aéroport (m)	[aeropɔr]
supersonico (agg)	supersonique (agg)	[sypɛrsɔnik]

comandante (m)	commandant (m) de bord	[kɔmɑ̃dɑ̃ də bɔr]
equipaggio (m)	équipage (m)	[ekipaʒ]
pilota (m)	pilote (m)	[pilɔt]
hostess (f)	hôtesse (f) de l'air	[otɛs də lɛr]
navigatore (m)	navigateur (m)	[navigatœr]

ali (f pl)	ailes (f pl)	[ɛl]
coda (f)	queue (f)	[kø]
cabina (f)	cabine (f)	[kabin]
motore (m)	moteur (m)	[mɔtœr]

| carrello (m) d'atterraggio | train (m) d'atterrissage | [trɛ̃ daterisaʒ] |
| turbina (f) | turbine (f) | [tyrbin] |

| elica (f) | hélice (f) | [elis] |
| scatola (f) nera | boîte (f) noire | [bwat nwar] |

| barra (f) di comando | gouvernail (m) | [guvɛrnaj] |
| combustibile (m) | carburant (m) | [karbyrɑ̃] |

safety card (f)	consigne (f) de sécurité	[kɔ̃siɲ də sekyrite]
maschera (f) ad ossigeno	masque (m) à oxygène	[mask a ɔksiʒɛn]
uniforme (f)	uniforme (m)	[ynifɔrm]

| giubbotto (m) di salvataggio | gilet (m) de sauvetage | [ʒilɛ də sovtaʒ] |
| paracadute (m) | parachute (m) | [paraʃyt] |

decollo (m)	décollage (m)	[dekɔlaʒ]
decollare (vi)	décoller (vi)	[dekɔle]
pista (f) di decollo	piste (f) de décollage	[pist dekɔlaʒ]

| visibilità (f) | visibilité (f) | [vizibilite] |
| volo (m) | vol (m) | [vɔl] |

| altitudine (f) | altitude (f) | [altityd] |
| vuoto (m) d'aria | trou (m) d'air | [tru dɛr] |

posto (m)	place (f)	[plas]
cuffia (f)	écouteurs (m pl)	[ekutœr]
tavolinetto (m) pieghevole	tablette (f)	[tablɛt]
oblò (m), finestrino (m)	hublot (m)	[yblo]
corridoio (m)	couloir (m)	[kulwar]

25. Treno

treno (m)	train (m)	[trɛ̃]
elettrotreno (m)	train (m) de banlieue	[trɛ̃ də bɑ̃ljø]
treno (m) rapido	TGV (m)	[teʒeve]
locomotiva (f) diesel	locomotive (f) diesel	[lɔkɔmɔtiv djezɛl]
locomotiva (f) a vapore	locomotive (f) à vapeur	[lɔkɔmɔtiv a vapœr]

| carrozza (f) | wagon (m) | [vagɔ̃] |
| vagone (m) ristorante | wagon-restaurant (m) | [vagɔ̃rɛstɔrɑ̃] |

rotaie (f pl)	rails (m pl)	[raj]
ferrovia (f)	chemin (m) de fer	[ʃəmɛ̃ də fɛr]
traversa (f)	traverse (f)	[travɛrs]

banchina (f) (~ ferroviaria)	quai (m)	[kɛ]
binario (m) (~ 1, 2)	voie (f)	[vwa]
semaforo (m)	sémaphore (m)	[semafɔr]
stazione (f)	station (f)	[stasjɔ̃]

macchinista (m)	conducteur (m) de train	[kɔ̃dyktœr də trɛ̃]
portabagagli (m)	porteur (m)	[pɔrtœr]
cuccettista (m, f)	steward (m)	[stiwart]
passeggero (m)	passager (m)	[pɑsaʒe]
controllore (m)	contrôleur (m)	[kɔ̃trolœr]

| corridoio (m) | couloir (m) | [kulwar] |
| freno (m) di emergenza | frein (m) d'urgence | [frɛ̃ dyrʒɑ̃s] |

scompartimento (m)	compartiment (m)	[kɔ̃partimɑ̃]
cuccetta (f)	couchette (f)	[kuʃɛt]
cuccetta (f) superiore	couchette (f) d'en haut	[kuʃɛt dɛ̃ o]
cuccetta (f) inferiore	couchette (f) d'en bas	[kuʃɛt dɛ̃ba]
biancheria (f) da letto	linge (m) de lit	[lɛ̃ʒ də li]

biglietto (m)	ticket (m)	[tikɛ]
orario (m)	horaire (m)	[ɔrɛr]
tabellone (m) orari	tableau (m) d'informations	[tablo dɛ̃fɔrmasjɔ̃]

partire (vi)	partir (vi)	[partir]
partenza (f)	départ (m)	[depar]
arrivare (di un treno)	arriver (vi)	[arive]
arrivo (m)	arrivée (f)	[arive]

arrivare con il treno	arriver en train	[arive ɑ̃ trɛ̃]
salire sul treno	prendre le train	[prɑ̃dr lə trɛ̃]
scendere dal treno	descendre du train	[desɑ̃dr dy trɛ̃]

| deragliamento (m) | accident (m) ferroviaire | [aksidɑ̃ fɛrɔvjɛr] |
| deragliare (vi) | dérailler (vi) | [deraje] |

locomotiva (f) a vapore	locomotive (f) à vapeur	[lɔkɔmɔtiv a vapœr]
fuochista (m)	chauffeur (m)	[ʃofœr]
forno (m)	chauffe (f)	[ʃof]
carbone (m)	charbon (m)	[ʃarbɔ̃]

26. Nave

nave (f)	bateau (m)	[bato]
imbarcazione (f)	navire (m)	[navir]
piroscafo (m)	bateau (m) à vapeur	[bato ɑ vapœr]
barca (f) fluviale	paquebot (m)	[pakbo]
transatlantico (m)	bateau (m) de croisière	[bato də krwazjɛr]
incrociatore (m)	croiseur (m)	[krwazœr]
yacht (m)	yacht (m)	[jot]
rimorchiatore (m)	remorqueur (m)	[rəmɔrkœr]
chiatta (f)	péniche (f)	[peniʃ]
traghetto (m)	ferry (m)	[feri]
veliero (m)	voilier (m)	[vwalje]
brigantino (m)	brigantin (m)	[brigɑ̃tɛ̃]
rompighiaccio (m)	brise-glace (m)	[brizglas]
sottomarino (m)	sous-marin (m)	[sumarɛ̃]
barca (f)	canot (m) à rames	[kano ɑ ram]
scialuppa (f)	dinghy (m)	[diŋgi]
scialuppa (f) di salvataggio	canot (m) de sauvetage	[kano də sovtaʒ]
motoscafo (m)	canot (m) à moteur	[kano ɑ mɔtœr]
capitano (m)	capitaine (m)	[kapitɛn]
marittimo (m)	matelot (m)	[matlo]
marinaio (m)	marin (m)	[marɛ̃]
equipaggio (m)	équipage (m)	[ekipaʒ]
nostromo (m)	maître (m) d'équipage	[mɛtr dekipaʒ]
mozzo (m) di nave	mousse (m)	[mus]
cuoco (m)	cuisinier (m) du bord	[kɥizinje dy bɔr]
medico (m) di bordo	médecin (m) de bord	[medsɛ̃ də bɔr]
ponte (m)	pont (m)	[pɔ̃]
albero (m)	mât (m)	[mɑ]
vela (f)	voile (f)	[vwal]
stiva (f)	cale (f)	[kal]
prua (f)	proue (f)	[pru]
poppa (f)	poupe (f)	[pup]
remo (m)	rame (f)	[ram]
elica (f)	hélice (f)	[elis]
cabina (f)	cabine (f)	[kabin]
quadrato (m) degli ufficiali	carré (m) des officiers	[kare dezɔfisje]
sala (f) macchine	salle (f) des machines	[sal de maʃin]
ponte (m) di comando	passerelle (f)	[pɑsrɛl]
cabina (f) radiotelegrafica	cabine (f) de T.S.F.	[kabin də teɛsɛf]
onda (f)	onde (f)	[ɔ̃d]
giornale (m) di bordo	journal (m) de bord	[ʒurnal də bɔr]
cannocchiale (m)	longue-vue (f)	[lɔ̃gvy]
campana (f)	cloche (f)	[klɔʃ]

bandiera (f)	pavillon (m)	[pavijõ]
cavo (m) (~ d'ormeggio)	grosse corde (f) tressée	[gros kɔrd trese]
nodo (m)	nœud (m) marin	[nø marɛ̃]
ringhiera (f)	rampe (f)	[rɑ̃p]
passerella (f)	passerelle (f)	[pɑsrɛl]
ancora (f)	ancre (f)	[ɑ̃kr]
levare l'ancora	lever l'ancre	[ləve lɑ̃kr]
gettare l'ancora	jeter l'ancre	[ʒəte lɑ̃kr]
catena (f) dell'ancora	chaîne (f) d'ancrage	[ʃɛn dɑ̃kraʒ]
porto (m)	port (m)	[pɔr]
banchina (f)	embarcadère (m)	[ɑ̃barkadɛr]
ormeggiarsi (vr)	accoster (vi)	[akɔste]
salpare (vi)	larguer les amarres	[large lezamar]
viaggio (m)	voyage (m)	[vwajaʒ]
crociera (f)	croisière (f)	[krwazjɛr]
rotta (f)	cap (m)	[kap]
itinerario (m)	itinéraire (m)	[itinerɛr]
tratto (m) navigabile	chenal (m)	[ʃənal]
secca (f)	bas-fond (m)	[bafõ]
arenarsi (vr)	échouer sur un bas-fond	[eʃwe syr œ̃ bafõ]
tempesta (f)	tempête (f)	[tɑ̃pɛt]
segnale (m)	signal (m)	[siɲal]
affondare (andare a fondo)	sombrer (vi)	[sõbre]
Uomo in mare!	Un homme à la mer!	[ynɔm alamɛr]
SOS	SOS (m)	[ɛsoɛs]
salvagente (m) anulare	bouée (f) de sauvetage	[bwe də sovtaʒ]

CITTÀ

27. Mezzi pubblici in città

autobus (m)	autobus (m)	[otobys]
tram (m)	tramway (m)	[tramwɛ]
filobus (m)	trolleybus (m)	[trɔlɛbys]
itinerario (m)	itinéraire (m)	[itinerɛr]
numero (m)	numéro (m)	[nymero]
andare in ...	prendre ...	[prɑ̃dr]
salire (~ sull'autobus)	monter (vi)	[mɔ̃te]
scendere da ...	descendre de ...	[desɑ̃dr də]
fermata (f) (~ dell'autobus)	arrêt (m)	[arɛ]
prossima fermata (f)	arrêt (m) prochain	[arɛt prɔʃɛ̃]
capolinea (m)	terminus (m)	[tɛrminys]
orario (m)	horaire (m)	[ɔrɛr]
aspettare (vt)	attendre (vt)	[atɑ̃dr]
biglietto (m)	ticket (m)	[tikɛ]
prezzo (m) del biglietto	prix (m) du ticket	[pri dy tikɛ]
cassiere (m)	caissier (m)	[kesje]
controllo (m) dei biglietti	contrôle (m) des tickets	[kɔ̃trol de tikɛ]
bigliettaio (m)	contrôleur (m)	[kɔ̃trolœr]
essere in ritardo	être en retard	[ɛtr ɑ̃ rətar]
perdere (~ il treno)	rater (vt)	[rate]
avere fretta	se dépêcher	[sə depeʃe]
taxi (m)	taxi (m)	[taksi]
taxista (m)	chauffeur (m) de taxi	[ʃofœr də taksi]
in taxi	en taxi	[ɑ̃ taksi]
parcheggio (m) di taxi	arrêt (m) de taxi	[arɛ də taksi]
chiamare un taxi	appeler un taxi	[aple œ̃ taksi]
prendere un taxi	prendre un taxi	[prɑ̃dr œ̃ taksi]
traffico (m)	trafic (m)	[trafik]
ingorgo (m)	embouteillage (m)	[ɑ̃butɛjaʒ]
ore (f pl) di punta	heures (f pl) de pointe	[œr də pwɛt]
parcheggiarsi (vr)	se garer (vp)	[sə gare]
parcheggiare (vt)	garer (vt)	[gare]
parcheggio (m)	parking (m)	[parkiŋ]
metropolitana (f)	métro (m)	[metro]
stazione (f)	station (f)	[stasjɔ̃]
prendere la metropolitana	prendre le métro	[prɑ̃dr lə metro]
treno (m)	train (m)	[trɛ̃]
stazione (f) ferroviaria	gare (f)	[gar]

28. Città. Vita di città

città (f)	ville (f)	[vil]
capitale (f)	capitale (f)	[kapital]
villaggio (m)	village (m)	[vilaʒ]
mappa (f) della città	plan (m) de la ville	[plɑ̃ də la vil]
centro (m) della città	centre-ville (m)	[sɑ̃trəvil]
sobborgo (m)	banlieue (f)	[bɑ̃ljø]
suburbano (agg)	de banlieue (agg)	[də bɑ̃ljø]
periferia (f)	périphérie (f)	[periferi]
dintorni (m pl)	alentours (m pl)	[alɑ̃tur]
isolato (m)	quartier (m)	[kartje]
quartiere residenziale	quartier (m) résidentiel	[kartje rezidɑ̃sjɛl]
traffico (m)	trafic (m)	[trafik]
semaforo (m)	feux (m pl) de circulation	[fø də sirkylasjɔ̃]
trasporti (m pl) urbani	transport (m) urbain	[trɑ̃spɔr yrbɛ̃]
incrocio (m)	carrefour (m)	[karfur]
passaggio (m) pedonale	passage (m) piéton	[pɑsaʒ pjetɔ̃]
sottopassaggio (m)	passage (m) souterrain	[pɑsaʒ sutɛrɛ̃]
attraversare (vt)	traverser (vt)	[travɛrse]
pedone (m)	piéton (m)	[pjetɔ̃]
marciapiede (m)	trottoir (m)	[trɔtwar]
ponte (m)	pont (m)	[pɔ̃]
banchina (f)	quai (m)	[kɛ]
fontana (f)	fontaine (f)	[fɔ̃tɛn]
vialetto (m)	allée (f)	[ale]
parco (m)	parc (m)	[park]
boulevard (m)	boulevard (m)	[bulvar]
piazza (f)	place (f)	[plas]
viale (m), corso (m)	avenue (f)	[avny]
via (f), strada (f)	rue (f)	[ry]
vicolo (m)	ruelle (f)	[rɥɛl]
vicolo (m) cieco	impasse (f)	[ɛ̃pas]
casa (f)	maison (f)	[mɛzɔ̃]
edificio (m)	édifice (m)	[edifis]
grattacielo (m)	gratte-ciel (m)	[gratsjɛl]
facciata (f)	façade (f)	[fasad]
tetto (m)	toit (m)	[twa]
finestra (f)	fenêtre (f)	[fənɛtr]
arco (m)	arc (m)	[ark]
colonna (f)	colonne (f)	[kɔlɔn]
angolo (m)	coin (m)	[kwɛ̃]
vetrina (f)	vitrine (f)	[vitrin]
insegna (f) (di negozi, ecc.)	enseigne (f)	[ɑ̃sɛɲ]
cartellone (m)	affiche (f)	[afiʃ]
cartellone (m) pubblicitario	affiche (f) publicitaire	[afiʃ pyblisitɛr]

tabellone (m) pubblicitario	**panneau-réclame** (m)	[pano reklam]
pattume (m), spazzatura (f)	**ordures** (f pl)	[ɔrdyr]
pattumiera (f)	**poubelle** (f)	[pubɛl]
sporcare (vi)	**jeter ... à terre**	[ʒəte ... ɑ tɛr]
discarica (f) di rifiuti	**décharge** (f)	[deʃarʒ]

cabina (f) telefonica	**cabine** (f) **téléphonique**	[kabin telefɔnik]
lampione (m)	**réverbère** (m)	[revɛrbɛr]
panchina (f)	**banc** (m)	[bɑ̃]

poliziotto (m)	**policier** (m)	[pɔlisje]
polizia (f)	**police** (f)	[pɔlis]
mendicante (m)	**clochard** (m)	[klɔʃar]
barbone (m)	**sans-abri** (m)	[sɑ̃zabri]

29. Servizi cittadini

negozio (m)	**magasin** (m)	[magazɛ̃]
farmacia (f)	**pharmacie** (f)	[farmasi]
ottica (f)	**opticien** (m)	[ɔptisjɛ̃]
centro (m) commerciale	**centre** (m) **commercial**	[sɑ̃tr kɔmɛrsjal]
supermercato (m)	**supermarché** (m)	[sypɛrmarʃe]

panetteria (f)	**boulangerie** (f)	[bulɑ̃ʒri]
fornaio (m)	**boulanger** (m)	[bulɑ̃ʒe]
pasticceria (f)	**pâtisserie** (f)	[pɑtisri]
drogheria (f)	**épicerie** (f)	[episri]
macelleria (f)	**boucherie** (f)	[buʃri]

fruttivendolo (m)	**magasin** (m) **de légumes**	[magazɛ̃ də legym]
mercato (m)	**marché** (m)	[marʃe]

caffè (m)	**salon** (m) **de café**	[salɔ̃ də kafe]
ristorante (m)	**restaurant** (m)	[rɛstɔrɑ̃]
birreria (f), pub (m)	**brasserie** (f)	[brasri]
pizzeria (f)	**pizzeria** (f)	[pidzerja]

salone (m) di parrucchiere	**salon** (m) **de coiffure**	[salɔ̃ də kwafyr]
ufficio (m) postale	**poste** (f)	[pɔst]
lavanderia (f) a secco	**pressing** (m)	[presiŋ]
studio (m) fotografico	**atelier** (m) **de photo**	[atəlje də fɔto]

negozio (m) di scarpe	**magasin** (m) **de chaussures**	[magazɛ̃ də ʃosyr]
libreria (f)	**librairie** (f)	[librɛri]
negozio (m) sportivo	**magasin** (m) **d'articles de sport**	[magazɛ̃ dartikl də spɔr]

riparazione (f) di abiti	**atelier** (m) **de retouche**	[atəlje də rətuʃ]
noleggio (m) di abiti	**location** (f) **de vêtements**	[lɔkasjɔ̃ də vɛtmɑ̃]
noleggio DVD (m)	**location** (f) **de films**	[lɔkasjɔ̃ də film]

circo (m)	**cirque** (m)	[sirk]
zoo (m)	**zoo** (m)	[zoo]
cinema (m)	**cinéma** (m)	[sinema]

museo (m)	musée (m)	[myze]
biblioteca (f)	bibliothèque (f)	[biblijɔtɛk]
teatro (m)	théâtre (m)	[teatr]
teatro (m) dell'opera	opéra (m)	[ɔpera]
nightclub (m)	boîte (f) de nuit	[bwat də nɥi]
casinò (m)	casino (m)	[kazino]
moschea (f)	mosquée (f)	[mɔske]
sinagoga (f)	synagogue (f)	[sinagɔg]
cattedrale (f)	cathédrale (f)	[katedral]
tempio (m)	temple (m)	[tɑ̃pl]
chiesa (f)	église (f)	[egliz]
istituto (m)	institut (m)	[ɛ̃stity]
università (f)	université (f)	[ynivɛrsite]
scuola (f)	école (f)	[ekɔl]
prefettura (f)	préfecture (f)	[prefɛktyr]
municipio (m)	mairie (f)	[meri]
albergo, hotel (m)	hôtel (m)	[otɛl]
banca (f)	banque (f)	[bɑ̃k]
ambasciata (f)	ambassade (f)	[ɑ̃basad]
agenzia (f) di viaggi	agence (f) de voyages	[aʒɑ̃s də vwajaʒ]
ufficio (m) informazioni	bureau (m) d'information	[byro dɛ̃fɔrmasjɔ̃]
ufficio (m) dei cambi	bureau (m) de change	[byro də ʃɑ̃ʒ]
metropolitana (f)	métro (m)	[metro]
ospedale (m)	hôpital (m)	[ɔpital]
distributore (m) di benzina	station-service (f)	[stasjɔ̃sɛrvis]
parcheggio (m)	parking (m)	[parkiŋ]

30. Cartelli

insegna (f) (di negozi, ecc.)	enseigne (f)	[ɑ̃sɛɲ]
iscrizione (f)	pancarte (f)	[pɑ̃kart]
cartellone (m)	poster (m)	[pɔstɛr]
segnale (m) di direzione	indicateur (m) de direction	[ɛ̃dikatœr də dirɛksjɔ̃]
freccia (f)	flèche (f)	[flɛʃ]
avvertimento (m)	avertissement (m)	[avɛrtismɑ̃]
avviso (m)	panneau (m) d'avertissement	[pano davɛrtismɑ̃]
avvertire, avvisare (vt)	avertir (vt)	[avɛrtir]
giorno (m) di riposo	jour (m) de repos	[ʒur də rəpo]
orario (m)	horaire (m)	[ɔrɛr]
orario (m) di apertura	heures (f pl) d'ouverture	[zœr duvɛrtyr]
BENVENUTI!	BIENVENUE!	[bjɛ̃vny]
ENTRATA	ENTRÉE	[ɑ̃tre]
USCITA	SORTIE	[sɔrti]

SPINGERE	POUSSER	[puse]
TIRARE	TIRER	[tire]
APERTO	OUVERT	[uvɛr]
CHIUSO	FERMÉ	[fɛrme]

| DONNE | FEMMES | [fam] |
| UOMINI | HOMMES | [ɔm] |

SCONTI	RABAIS	[sɔld]
SALDI	SOLDES	[rabɛ]
NOVITÀ!	NOUVEAU!	[nuvo]
GRATIS	GRATUIT	[gratui]

ATTENZIONE!	ATTENTION!	[atɑ̃sjɔ̃]
COMPLETO	COMPLET	[kɔ̃plɛ]
RISERVATO	RÉSERVÉ	[rezɛrve]

| AMMINISTRAZIONE | ADMINISTRATION | [administrasjɔ̃] |
| RISERVATO AL PERSONALE | RÉSERVÉ AU PERSONNEL | [rezɛrve o pɛrsɔnɛl] |

ATTENTI AL CANE	ATTENTION CHIEN MÉCHANT	[atɑ̃sjɔ̃ ʃjɛ̃ meʃɑ̃]
VIETATO FUMARE!	DÉFENSE DE FUMER	[defɑ̃s də fyme]
NON TOCCARE!	PRIERE DE NE PAS TOUCHER	[prijɛr dənəpa tuʃe]

PERICOLOSO	DANGEREUX	[dɑ̃ʒrø]
PERICOLO	DANGER	[dɑ̃ʒe]
ALTA TENSIONE	HAUTE TENSION	[ot tɑ̃sjɔ̃]
DIVIETO DI BALNEAZIONE	BAIGNADE INTERDITE	[bɛɲad ɛ̃tɛrdit]
GUASTO	HORS SERVICE	[ɔr sɛrvis]

INFIAMMABILE	INFLAMMABLE	[ɛ̃flamabl]
VIETATO	INTERDIT	[ɛ̃tɛrdi]
VIETATO L'INGRESSO	PASSAGE INTERDIT	[pɑsaʒ ɛ̃tɛrdi]
VERNICE FRESCA	PEINTURE FRAÎCHE	[pɛ̃tyr frɛʃ]

31. Acquisti

comprare (vt)	acheter (vt)	[aʃte]
acquisto (m)	achat (m)	[aʃa]
fare acquisti	faire des achats	[fɛr dezaʃa]
shopping (m)	shopping (m)	[ʃɔpiŋ]

| essere aperto (negozio) | être ouvert | [ɛtr uvɛr] |
| essere chiuso | être fermé | [ɛtr fɛrme] |

calzature (f pl)	chaussures (f pl)	[ʃosyr]
abbigliamento (m)	vêtement (m)	[vɛtmɑ̃]
cosmetica (f)	produits (m pl) de beauté	[prɔdyi də bote]
alimentari (m pl)	produits (m pl) alimentaires	[prɔdyi alimɑ̃tɛr]
regalo (m)	cadeau (m)	[kado]
commesso (m)	vendeur (m)	[vɑ̃dœr]

commessa (f)	vendeuse (f)	[vãdøz]
cassa (f)	caisse (f)	[kɛs]
specchio (m)	miroir (m)	[mirwar]
banco (m)	comptoir (m)	[kõtwar]
camerino (m)	cabine (f) d'essayage	[kabin desɛjaʒ]

provare (~ un vestito)	essayer (vt)	[eseje]
stare bene (vestito)	aller bien	[ale bjɛ̃]
piacere (vi)	plaire à ...	[plɛr a]

prezzo (m)	prix (m)	[pri]
etichetta (f) del prezzo	étiquette (f) de prix	[etikɛt də pri]
costare (vt)	coûter (vi, vt)	[kute]
Quanto?	Combien?	[kõbjɛ̃]
sconto (m)	rabais (m)	[rabɛ]

no muy caro (agg)	pas cher (agg)	[pɑ ʃɛr]
a buon mercato	bon marché (agg)	[bõ marʃe]
caro (agg)	cher (agg)	[ʃɛr]
È caro	C'est cher	[sɛ ʃɛr]

noleggio (m)	location (f)	[lɔkasjõ]
noleggiare (~ un abito)	louer (vt)	[lwe]
credito (m)	crédit (m)	[kredi]
a credito	à crédit (avv)	[akredi]

ABBIGLIAMENTO E ACCESSORI

32. Indumenti. Soprabiti

vestiti (m pl)	vêtement (m)	[vɛtmɑ̃]
soprabito (m)	survêtement (m)	[syrvɛtmɑ̃]
abiti (m pl) invernali	vêtement (m) d'hiver	[vɛtmɑ̃ divɛr]
cappotto (m)	manteau (m)	[mɑ̃to]
pelliccia (f)	manteau (m) de fourrure	[mɑ̃to də furyr]
pellicciotto (m)	veste (f) en fourrure	[vɛst ɑ̃ furyr]
piumino (m)	manteau (m) de duvet	[manto də dyvɛ]
giubbotto (m), giaccha (f)	veste (f)	[vɛst]
impermeabile (m)	imperméable (m)	[ɛ̃pɛrmeabl]
impermeabile (agg)	imperméable (agg)	[ɛ̃pɛrmeabl]

33. Abbigliamento uomo e donna

camicia (f)	chemise (f)	[ʃəmiz]
pantaloni (m pl)	pantalon (m)	[pɑ̃talɔ̃]
jeans (m pl)	jean (m)	[dʒin]
giacca (f) (~ di tweed)	veston (m)	[vɛstɔ̃]
abito (m) da uomo	complet (m)	[kɔ̃plɛ]
abito (m)	robe (f)	[rɔb]
gonna (f)	jupe (f)	[ʒyp]
camicetta (f)	chemisette (f)	[ʃəmizɛt]
giacca (f) a maglia	gilet (m) en laine	[ʒilɛ ɑ̃ lɛn]
giacca (f) tailleur	jaquette (f)	[ʒakɛt]
maglietta (f)	tee-shirt (m)	[tiʃœrt]
pantaloni (m pl) corti	short (m)	[ʃɔrt]
tuta (f) sportiva	costume (m) de sport	[kɔstym də spɔr]
accappatoio (m)	peignoir (m) de bain	[pɛɲwar də bɛ̃]
pigiama (m)	pyjama (m)	[piʒama]
maglione (m)	chandail (m)	[ʃɑ̃daj]
pullover (m)	pull-over (m)	[pylɔvɛr]
gilè (m)	gilet (m)	[ʒilɛ]
frac (m)	queue-de-pie (f)	[kødpi]
smoking (m)	smoking (m)	[smɔkiŋ]
uniforme (f)	uniforme (m)	[ynifɔrm]
tuta (f) da lavoro	tenue (f) de travail	[təny də travaj]
salopette (f)	salopette (f)	[salɔpɛt]
camice (m) (~ del dottore)	blouse (f)	[bluz]

34. Abbigliamento. Biancheria intima

biancheria (f) intima	sous-vêtements (m pl)	[suvɛtmɑ̃]
boxer (m pl)	boxer (m)	[boksɛr]
mutandine (f pl)	slip (m) de femme	[slip də fam]
maglietta (f) intima	maillot (m) de corps	[majo də kɔr]
calzini (m pl)	chaussettes (f pl)	[ʃosɛt]
camicia (f) da notte	chemise (f) de nuit	[ʃəmiz də nɥi]
reggiseno (m)	soutien-gorge (m)	[sutjɛ̃gɔrʒ]
calzini (m pl) alti	chaussettes (f pl) hautes	[ʃosɛt ot]
collant (m)	collants (m pl)	[kɔlɑ̃]
calze (f pl)	bas (m pl)	[ba]
costume (m) da bagno	maillot (m) de bain	[majo də bɛ̃]

35. Copricapo

cappello (m)	bonnet (m)	[bɔnɛ]
cappello (m) di feltro	chapeau (m) feutre	[ʃapo føtr]
cappello (m) da baseball	casquette (f) de base-ball	[kaskɛt də bɛzbol]
coppola (f)	casquette (f)	[kaskɛt]
basco (m)	béret (m)	[berɛ]
cappuccio (m)	capuche (f)	[kapyʃ]
panama (m)	panama (m)	[panama]
berretto (m) a maglia	bonnet (m) de laine	[bɔnɛ də lɛn]
fazzoletto (m) da capo	foulard (m)	[fular]
cappellino (m) donna	chapeau (m) de femme	[ʃapo də fam]
casco (m) (~ di sicurezza)	casque (m)	[kask]
bustina (f)	calot (m)	[kalo]
casco (m) (~ moto)	casque (m)	[kask]
bombetta (f)	melon (m)	[məlɔ̃]
cilindro (m)	haut-de-forme (m)	[o də fɔrm]

36. Calzature

calzature (f pl)	chaussures (f pl)	[ʃosyr]
stivaletti (m pl)	bottines (f pl)	[botin]
scarpe (f pl)	souliers (m pl)	[sulje]
stivali (m pl)	bottes (f pl)	[bot]
pantofole (f pl)	chaussons (m pl)	[ʃosɔ̃]
scarpe (f pl) da tennis	tennis (m pl)	[tenis]
scarpe (f pl) da ginnastica	baskets (f pl)	[baskɛt]
sandali (m pl)	sandales (f pl)	[sɑ̃dal]
calzolaio (m)	cordonnier (m)	[kɔrdɔnje]
tacco (m)	talon (m)	[talɔ̃]

paio (m)	paire (f)	[pɛr]
laccio (m)	lacet (m)	[lase]
allacciare (vt)	lacer (vt)	[lase]
calzascarpe (m)	chausse-pied (m)	[ʃospje]
lucido (m) per le scarpe	cirage (m)	[siraʒ]

37. Accessori personali

guanti (m pl)	gants (m pl)	[gɑ̃]
manopole (f pl)	moufles (f pl)	[mufl]
sciarpa (f)	écharpe (f)	[eʃarp]

occhiali (m pl)	lunettes (f pl)	[lynɛt]
montatura (f)	monture (f)	[mɔ̃tyr]
ombrello (m)	parapluie (m)	[paraplɥi]
bastone (m)	canne (f)	[kan]
spazzola (f) per capelli	brosse (f) à cheveux	[brɔs a ʃəvø]
ventaglio (m)	éventail (m)	[evɑ̃taj]

cravatta (f)	cravate (f)	[kravat]
cravatta (f) a farfalla	nœud papillon (m)	[nø papijɔ̃]
bretelle (f pl)	bretelles (f pl)	[brətɛl]
fazzoletto (m)	mouchoir (m)	[muʃwar]

pettine (m)	peigne (m)	[pɛɲ]
fermaglio (m)	barrette (f)	[barɛt]
forcina (f)	épingle (f) à cheveux	[epɛ̃gl a ʃəvø]
fibbia (f)	boucle (f)	[bukl]

| cintura (f) | ceinture (f) | [sɛ̃tyr] |
| spallina (f) | bandoulière (f) | [bɑ̃duljɛr] |

borsa (f)	sac (m)	[sak]
borsetta (f)	sac (m) à main	[sak a mɛ̃]
zaino (m)	sac (m) à dos	[sak a do]

38. Abbigliamento. Varie

moda (f)	mode (f)	[mɔd]
di moda	à la mode (agg)	[alamɔd]
stilista (m)	couturier (m)	[kutyrje]

collo (m)	col (m)	[kɔl]
tasca (f)	poche (f)	[pɔʃ]
tascabile (agg)	de poche (agg)	[də pɔʃ]
manica (f)	manche (f)	[mɑ̃ʃ]
asola (f) per appendere	bride (f)	[brid]
patta (f) (~ dei pantaloni)	braguette (f)	[bragɛt]

cerniera (f) lampo	fermeture (f) à glissière	[fɛrmətyr a glisjɛr]
chiusura (f)	agrafe (f)	[agraf]
bottone (m)	bouton (m)	[butɔ̃]

| occhiello (m) | boutonnière (f) | [butɔnjɛr] |
| staccarsi (un bottone) | s'arracher (vp) | [saraʃe] |

cucire (vi, vt)	coudre (vi, vt)	[kudr]
ricamare (vi, vt)	broder (vt)	[brɔde]
ricamo (m)	broderie (f)	[brɔdri]
ago (m)	aiguille (f)	[eɡyij]
filo (m)	fil (m)	[fil]
cucitura (f)	couture (f)	[kutyr]

sporcarsi (vr)	se salir (vp)	[sə salir]
macchia (f)	tache (f)	[taʃ]
sgualcirsi (vr)	se froisser (vp)	[sə frwase]
strappare (vt)	déchirer (vt)	[deʃire]
tarma (f)	mite (f)	[mit]

39. Cura della persona. Cosmetici

dentifricio (m)	dentifrice (m)	[dɑ̃tifris]
spazzolino (m) da denti	brosse (f) à dents	[brɔs ɑ dɑ̃]
lavarsi i denti	se brosser les dents	[sə brɔse le dɑ̃]

rasoio (m)	rasoir (m)	[razwar]
crema (f) da barba	crème (f) à raser	[krɛm ɑ raze]
rasarsi (vr)	se raser (vp)	[sə raze]

| sapone (m) | savon (m) | [savɔ̃] |
| shampoo (m) | shampooing (m) | [ʃɑ̃pwɛ̃] |

forbici (f pl)	ciseaux (m pl)	[sizo]
limetta (f)	lime (f) à ongles	[lim ɑ ɔ̃gl]
tagliaunghie (m)	pinces (f pl) à ongles	[pɛ̃s ɑ ɔ̃gl]
pinzette (f pl)	pince (f)	[pɛ̃s]

cosmetica (f)	produits (m pl) de beauté	[prɔdyi də bote]
maschera (f) di bellezza	masque (m) de beauté	[mask də bote]
manicure (m)	manucure (f)	[manykyr]
fare la manicure	se faire les ongles	[sə fɛr le zɔ̃gl]
pedicure (m)	pédicurie (f)	[pedikyri]

borsa (f) del trucco	trousse (f) de toilette	[trus də twalɛt]
cipria (f)	poudre (f)	[pudr]
portacipria (m)	poudrier (m)	[pudrije]
fard (m)	fard (m) à joues	[far ɑ ʒu]

profumo (m)	parfum (m)	[parfœ̃]
acqua (f) da toeletta	eau (f) de toilette	[o də twalɛt]
lozione (f)	lotion (f)	[losjɔ̃]
acqua (f) di Colonia	eau de Cologne (f)	[o də kɔlɔɲ]

ombretto (m)	fard (m) à paupières	[far ɑ popjɛr]
eyeliner (m)	crayon (m) à paupières	[krɛjɔ̃ ɑ popjɛr]
mascara (m)	mascara (m)	[maskara]
rossetto (m)	rouge (m) à lèvres	[ruʒ ɑ lɛvr]

smalto (m)	vernis (m) à ongles	[vɛrni a ɔ̃gl]
lacca (f) per capelli	laque (f) pour les cheveux	[lak pur le ʃəvø]
deodorante (m)	déodorant (m)	[deodɔrã]
crema (f)	crème (f)	[krɛm]
crema (f) per il viso	crème (f) pour le visage	[krɛm pur lə vizaʒ]
crema (f) per le mani	crème (f) pour les mains	[krɛm pur le mɛ̃]
crema (f) antirughe	crème (f) anti-rides	[krɛm ɑ̃tirid]
crema (f) da giorno	crème (f) de jour	[krɛm də ʒur]
crema (f) da notte	crème (f) de nuit	[krɛm də nɥi]
da giorno	de jour (agg)	[də ʒur]
da notte	de nuit (agg)	[də nɥi]
tampone (m)	tampon (m)	[tɑ̃pɔ̃]
carta (f) igienica	papier (m) de toilette	[papje də twalɛt]
fon (m)	sèche-cheveux (m)	[sɛʃəvø]

40. Orologi da polso. Orologio

orologio (m) (~ da polso)	montre (f)	[mɔ̃tr]
quadrante (m)	cadran (m)	[kadrã]
lancetta (f)	aiguille (f)	[egɥij]
braccialetto (m)	bracelet (m)	[braslɛ]
cinturino (m)	bracelet (m)	[braslɛ]
pila (f)	pile (f)	[pil]
essere scarico	être déchargé	[ɛtr deʃarʒe]
cambiare la pila	changer de pile	[ʃɑ̃ʒe də pil]
andare avanti	avancer (vi)	[avɑ̃se]
andare indietro	retarder (vi)	[rətarde]
orologio (m) da muro	pendule (f)	[pɑ̃dyl]
clessidra (f)	sablier (m)	[sablije]
orologio (m) solare	cadran (m) solaire	[kadrã sɔlɛr]
sveglia (f)	réveil (m)	[revɛj]
orologiaio (m)	horloger (m)	[ɔrlɔʒe]
riparare (vt)	réparer (vt)	[repare]

L'ESPERIENZA QUOTIDIANA

41. Denaro

soldi (m pl)	argent (m)	[arʒɑ̃]
cambio (m)	échange (m)	[eʃɑ̃ʒ]
corso (m) di cambio	cours (m) de change	[kur də ʃɑ̃ʒ]
bancomat (m)	distributeur (m)	[distribytœr]
moneta (f)	monnaie (f)	[mɔnɛ]
dollaro (m)	dollar (m)	[dɔlar]
euro (m)	euro (m)	[øro]
lira (f)	lire (f)	[lir]
marco (m)	mark (m) allemand	[mark almɑ̃]
franco (m)	franc (m)	[frɑ̃]
sterlina (f)	livre sterling (f)	[livr stɛrliŋ]
yen (m)	yen (m)	[jɛn]
debito (m)	dette (f)	[dɛt]
debitore (m)	débiteur (m)	[debitœr]
prestare (~ i soldi)	prêter (vt)	[prete]
prendere in prestito	emprunter (vt)	[ɑ̃prœ̃te]
banca (f)	banque (f)	[bɑ̃k]
conto (m)	compte (m)	[kɔ̃t]
versare (vt)	verser (vt)	[vɛrse]
versare sul conto	verser dans le compte	[vɛrse dɑ̃ lə kɔ̃t]
prelevare dal conto	retirer du compte	[rətire dy kɔ̃t]
carta (f) di credito	carte (f) de crédit	[kart də kredi]
contanti (m pl)	espèces (f pl)	[ɛspɛs]
assegno (m)	chèque (m)	[ʃɛk]
emettere un assegno	faire un chèque	[fɛr œ̃ ʃɛk]
libretto (m) di assegni	chéquier (m)	[ʃekje]
portafoglio (m)	portefeuille (m)	[pɔrtəfœj]
borsellino (m)	bourse (f)	[burs]
portamonete (m)	porte-monnaie (m)	[pɔrtmɔnɛ]
cassaforte (f)	coffre fort (m)	[kɔfr fɔr]
erede (m)	héritier (m)	[eritje]
eredità (f)	héritage (m)	[eritaʒ]
fortuna (f)	fortune (f)	[fɔrtyn]
affitto (m), locazione (f)	location (f)	[lɔkasjɔ̃]
canone (m) d'affitto	loyer (m)	[lwaje]
affittare (dare in affitto)	louer (vt)	[lwe]
prezzo (m)	prix (m)	[pri]
costo (m)	coût (m)	[ku]

somma (f)	somme (f)	[sɔm]
spendere (vt)	dépenser (vt)	[depɑ̃se]
spese (f pl)	dépenses (f pl)	[depɑ̃s]
economizzare (vi, vt)	économiser (vt)	[ekɔnɔmize]
economico (agg)	économe (agg)	[ekɔnɔm]

pagare (vi, vt)	payer (vi, vt)	[peje]
pagamento (m)	paiement (m)	[pɛmɑ̃]
resto (m) (dare il ~)	monnaie (f)	[mɔnɛ]

imposta (f)	impôt (m)	[ɛ̃po]
multa (f), ammenda (f)	amende (f)	[amɑ̃d]
multare (vt)	mettre une amende	[mɛtr ynamɑ̃d]

42. Posta. Servizio postale

ufficio (m) postale	poste (f)	[pɔst]
posta (f) (lettere, ecc.)	courrier (m)	[kurje]
postino (m)	facteur (m)	[faktœr]
orario (m) di apertura	heures (f pl) d'ouverture	[zœr duvɛrtyr]

lettera (f)	lettre (f)	[lɛtr]
raccomandata (f)	recommandé (m)	[rəkɔmɑ̃de]
cartolina (f)	carte (f) postale	[kart pɔstal]
telegramma (m)	télégramme (m)	[telegram]
pacco (m) postale	colis (m)	[kɔli]
vaglia (m) postale	mandat (m) postal	[mɑ̃da pɔstal]

ricevere (vt)	recevoir (vt)	[rəsəvwar]
spedire (vt)	envoyer (vt)	[ɑ̃vwaje]
invio (m)	envoi (m)	[ɑ̃vwa]
indirizzo (m)	adresse (f)	[adrɛs]
codice (m) postale	code (m) postal	[kɔd pɔstal]
mittente (m)	expéditeur (m)	[ɛkspeditœr]
destinatario (m)	destinataire (m)	[dɛstinatɛr]

nome (m)	prénom (m)	[prenɔ̃]
cognome (m)	nom (m) de famille	[nɔ̃ də famij]
tariffa (f)	tarif (m)	[tarif]
ordinario (agg)	normal (agg)	[nɔrmal]
standard (agg)	économique (agg)	[ekɔnɔmik]

peso (m)	poids (m)	[pwa]
pesare (vt)	peser (vt)	[pəze]
busta (f)	enveloppe (f)	[ɑ̃vlɔp]
francobollo (m)	timbre (m)	[tɛ̃br]
affrancare (vt)	timbrer (vt)	[tɛ̃bre]

43. Attività bancaria

| banca (f) | banque (f) | [bɑ̃k] |
| filiale (f) | agence (f) bancaire | [aʒɑ̃s bɑ̃kɛr] |

| consulente (m) | conseiller (m) | [kɔ̃seje] |
| direttore (m) | gérant (m) | [ʒerɑ̃] |

conto (m) bancario	compte (m)	[kɔ̃t]
numero (m) del conto	numéro (m) du compte	[nymero dy kɔ̃t]
conto (m) corrente	compte (m) courant	[kɔ̃t kurɑ̃]
conto (m) di risparmio	compte (m) sur livret	[kɔ̃t syr livrɛ]

aprire un conto	ouvrir un compte	[uvrir œ̃ kɔ̃t]
chiudere il conto	clôturer le compte	[klotyre lə kɔ̃t]
versare sul conto	verser dans le compte	[vɛrse dɑ̃ lə kɔ̃t]
prelevare dal conto	retirer du compte	[rətire dy kɔ̃t]

deposito (m)	dépôt (m)	[depo]
depositare (vt)	faire un dépôt	[fɛr œ̃ depo]
trasferimento (m) telegrafico	virement (m) bancaire	[virmɑ̃ bɑ̃kɛr]
rimettere i soldi	faire un transfert	[fɛr œ̃ trɑ̃sfɛr]

| somma (f) | somme (f) | [sɔm] |
| Quanto? | Combien? | [kɔ̃bjɛ̃] |

| firma (f) | signature (f) | [siɲatyr] |
| firmare (vt) | signer (vt) | [siɲe] |

carta (f) di credito	carte (f) de crédit	[kart də kredi]
codice (m)	code (m)	[kɔd]
numero (m) della carta	numéro (m) de carte	[nymero də kart
di credito	de crédit	də kredi]
bancomat (m)	distributeur (m)	[distribytœr]

assegno (m)	chèque (m)	[ʃɛk]
emettere un assegno	faire un chèque	[fɛr œ̃ ʃɛk]
libretto (m) di assegni	chéquier (m)	[ʃekje]

prestito (m)	crédit (m)	[kredi]
fare domanda per un prestito	demander un crédit	[dəmɑ̃de œ̃ kredi]
ottenere un prestito	prendre un crédit	[prɑ̃dr œ̃ kredi]
concedere un prestito	accorder un crédit	[akɔrde œ̃ kredi]
garanzia (f)	gage (m)	[gaʒ]

44. Telefono. Conversazione telefonica

telefono (m)	téléphone (m)	[telefɔn]
telefonino (m)	portable (m)	[pɔrtabl]
segreteria (f) telefonica	répondeur (m)	[repɔ̃dœr]

| telefonare (vi, vt) | téléphoner, appeler | [telefɔne], [aple] |
| chiamata (f) | appel (m) | [apɛl] |

comporre un numero	composer le numéro	[kɔ̃poze lə nymero]
Pronto!	Allô!	[alo]
chiedere (domandare)	demander (vt)	[dəmɑ̃de]
rispondere (vi, vt)	répondre (vi, vt)	[repɔ̃dr]
udire (vt)	entendre (vt)	[ɑ̃tɑ̃dr]

bene	bien (avv)	[bjɛ̃]
male	mal (avv)	[mal]
disturbi (m pl)	bruits (m pl)	[brɥi]

cornetta (f)	récepteur (m)	[resɛptœr]
alzare la cornetta	décrocher (vt)	[dekrɔʃe]
riattaccare la cornetta	raccrocher (vi)	[rakrɔʃe]

occupato (agg)	occupé (agg)	[ɔkype]
squillare (del telefono)	sonner (vi)	[sɔ̃]
elenco (m) telefonico	carnet (m) de téléphone	[karnɛ də telefɔn]

locale (agg)	local (agg)	[lɔkal]
telefonata (f) urbana	appel (m) local	[apɛl lɔkal]
interurbano (agg)	interurbain (agg)	[ɛ̃tɛryrbɛ̃]
telefonata (f) interurbana	appel (m) interurbain	[apɛl ɛ̃tɛryrbɛ̃]
internazionale (agg)	international (agg)	[ɛ̃tɛrnasjɔnal]
telefonata (f) internazionale	appel (m) international	[apɛl ɛ̃tɛrnasjɔnal]

45. Telefono cellulare

telefonino (m)	portable (m)	[pɔrtabl]
schermo (m)	écran (m)	[ekrɑ̃]
tasto (m)	bouton (m)	[butɔ̃]
scheda SIM (f)	carte SIM (f)	[kart sim]

pila (f)	pile (f)	[pil]
essere scarico	être déchargé	[ɛtr deʃarʒe]
caricabatteria (m)	chargeur (m)	[ʃarʒœr]

menù (m)	menu (m)	[məny]
impostazioni (f pl)	réglages (m pl)	[reglaʒ]
melodia (f)	mélodie (f)	[melɔdi]
scegliere (vt)	sélectionner (vt)	[selɛksjɔne]

calcolatrice (f)	calculatrice (f)	[kalkylatris]
segreteria (f) telefonica	répondeur (m)	[repɔ̃dœr]
sveglia (f)	réveil (m)	[revɛj]
contatti (m pl)	contacts (m pl)	[kɔ̃takt]

| messaggio (m) SMS | SMS (m) | [esemes] |
| abbonato (m) | abonné (m) | [abɔne] |

46. Articoli di cancelleria

| penna (f) a sfera | stylo (m) à bille | [stilo ɑ bij] |
| penna (f) stilografica | stylo (m) à plume | [stilo ɑ plym] |

matita (f)	crayon (m)	[krɛjɔ̃]
evidenziatore (m)	marqueur (m)	[markœr]
pennarello (m)	feutre (m)	[føtr]
taccuino (m)	bloc-notes (m)	[blɔknɔt]

agenda (f)	agenda (m)	[aʒɛda]
righello (m)	règle (f)	[rɛgl]
calcolatrice (f)	calculatrice (f)	[kalkylatris]
gomma (f) per cancellare	gomme (f)	[gɔm]
puntina (f)	punaise (f)	[pynɛz]
graffetta (f)	trombone (m)	[trɔ̃bɔn]
colla (f)	colle (f)	[kɔl]
pinzatrice (f)	agrafeuse (f)	[agraføz]
perforatrice (f)	perforateur (m)	[pɛrforatœr]
temperamatite (m)	taille-crayon (m)	[tajkrɛjɔ̃]

47. Lingue straniere

lingua (f)	langue (f)	[lãg]
lingua (f) straniera	langue (f) étrangère	[lãg etrãʒɛr]
studiare (vt)	étudier (vt)	[etydje]
imparare (una lingua)	apprendre (vt)	[aprãdr]
leggere (vi, vt)	lire (vi, vt)	[lir]
parlare (vi, vt)	parler (vi)	[parle]
capire (vt)	comprendre (vt)	[kɔ̃prãdr]
scrivere (vi, vt)	écrire (vt)	[ekrir]
rapidamente	vite (avv)	[vit]
lentamente	lentement (avv)	[lãtmã]
correntemente	couramment (avv)	[kuramã]
regole (f pl)	règles (f pl)	[rɛgl]
grammatica (f)	grammaire (f)	[gramɛr]
lessico (m)	vocabulaire (m)	[vɔkabylɛr]
fonetica (f)	phonétique (f)	[fɔnetik]
manuale (m)	manuel (m)	[manɥɛl]
dizionario (m)	dictionnaire (m)	[diksjɔnɛr]
manuale (m) autodidattico	manuel (m) autodidacte	[manɥɛl otodidakt]
frasario (m)	guide (m) de conversation	[gid də kɔ̃vɛrsasjɔ̃]
cassetta (f)	cassette (f)	[kasɛt]
videocassetta (f)	cassette (f) vidéo	[kasɛt video]
CD (m)	CD (m)	[sede]
DVD (m)	DVD (m)	[devede]
alfabeto (m)	alphabet (m)	[alfabɛ]
compitare (vt)	épeler (vt)	[eple]
pronuncia (f)	prononciation (f)	[prɔnɔ̃sjasjɔ̃]
accento (m)	accent (m)	[aksã]
con un accento	avec un accent	[avɛk œn aksã]
senza accento	sans accent	[sã zaksã]
vocabolo (m)	mot (m)	[mo]
significato (m)	sens (m)	[sãs]
corso (m) (~ di francese)	cours (m pl)	[kur]

iscriversi (vr)	s'inscrire (vp)	[sɛ̃skrir]
insegnante (m, f)	professeur (m)	[prɔfɛsœr]
traduzione (f) (fare una ~)	traduction (f)	[tradyksjɔ̃]
traduzione (f) (un testo)	traduction (f)	[tradykɔjɔ̃]
traduttore (m)	traducteur (m)	[tradyktœr]
interprete (m)	interprète (m)	[ɛ̃tɛrprɛt]
poliglotta (m)	polyglotte (m)	[pɔliglɔt]
memoria (f)	mémoire (f)	[memwar]

PASTI. RISTORANTE

48. Preparazione della tavola

cucchiaio (m)	cuillère (f)	[kɥijɛr]
coltello (m)	couteau (m)	[kuto]
forchetta (f)	fourchette (f)	[furʃɛt]
tazza (f)	tasse (f)	[tɑs]
piatto (m)	assiette (f)	[asjɛt]
piattino (m)	soucoupe (f)	[sukup]
tovagliolo (m)	serviette (f)	[sɛrvjɛt]
stuzzicadenti (m)	cure-dent (m)	[kyrdɑ̃]

49. Ristorante

ristorante (m)	restaurant (m)	[rɛstɔrɑ̃]
caffè (m)	salon (m) de café	[salɔ̃ də kafe]
pub (m), bar (m)	bar (m)	[bar]
sala (f) da tè	salon (m) de thé	[salɔ̃ də te]
cameriere (m)	serveur (m)	[sɛrvœr]
cameriera (f)	serveuse (f)	[sɛrvøz]
barista (m)	barman (m)	[barman]
menù (m)	carte (f)	[kart]
carta (f) dei vini	carte (f) des vins	[kart de vɛ̃]
prenotare un tavolo	réserver une table	[rezɛrve yn tabl]
piatto (m)	plat (m)	[pla]
ordinare (~ il pranzo)	commander (vt)	[kɔmɑ̃de]
fare un'ordinazione	faire la commande	[fɛr la kɔmɑ̃d]
aperitivo (m)	apéritif (m)	[aperitif]
antipasto (m)	hors-d'œuvre (m)	[ɔrdœvr]
dolce (m)	dessert (m)	[desɛr]
conto (m)	addition (f)	[adisjɔ̃]
pagare il conto	régler l'addition	[regle ladisjɔ̃]
dare il resto	rendre la monnaie	[rɑ̃dr la mɔnɛ]
mancia (f)	pourboire (m)	[purbwar]

50. Pasti

cibo (m)	nourriture (f)	[nurityr]
mangiare (vi, vt)	manger (vi, vt)	[mɑ̃ʒe]

colazione (f)	petit déjeuner (m)	[pəti deʒœne]
fare colazione	prendre le petit déjeuner	[prɑ̃dr ləpti deʒœne]
pranzo (m)	déjeuner (m)	[deʒœne]
pranzare (vi)	déjeuner (vi)	[deʒœne]
cena (f)	dîner (m)	[dine]
cenare (vi)	dîner (vi)	[dine]

| appetito (m) | appétit (m) | [apeti] |
| Buon appetito! | Bon appétit! | [bɔn apeti] |

aprire (vt)	ouvrir (vt)	[uvrir]
rovesciare (~ il vino, ecc.)	renverser (vt)	[rɑ̃vɛrse]
rovesciarsi (vr)	se renverser (vp)	[sə rɑ̃vɛrse]

bollire (vi)	bouillir (vi)	[bujir]
far bollire	faire bouillir	[fɛr bujir]
bollito (agg)	bouilli (agg)	[buji]
raffreddare (vt)	refroidir (vt)	[rəfrwadir]
raffreddarsi (vr)	se refroidir (vp)	[sə rəfrwadir]

| gusto (m) | goût (m) | [gu] |
| retrogusto (m) | arrière-goût (m) | [arjɛrgu] |

essere a dieta	suivre un régime	[sɥivr œ̃ reʒim]
dieta (f)	régime (m)	[reʒim]
vitamina (f)	vitamine (f)	[vitamin]
caloria (f)	calorie (f)	[kalɔri]
vegetariano (m)	végétarien (m)	[veʒetarjɛ̃]
vegetariano (agg)	végétarien (agg)	[veʒetarjɛ̃]

grassi (m pl)	lipides (m pl)	[lipid]
proteine (f pl)	protéines (f pl)	[prɔtein]
carboidrati (m pl)	glucides (m pl)	[glysid]
fetta (f), fettina (f)	tranche (f)	[trɑ̃ʃ]
pezzo (m) (~ di torta)	morceau (m)	[mɔrso]
briciola (f) (~ di pane)	miette (f)	[mjɛt]

51. Pietanze cucinate

piatto (m) (~ principale)	plat (m)	[pla]
cucina (f)	cuisine (f)	[kɥizin]
ricetta (f)	recette (f)	[rəsɛt]
porzione (f)	portion (f)	[pɔrsjɔ̃]

| insalata (f) | salade (f) | [salad] |
| minestra (f) | soupe (f) | [sup] |

brodo (m)	bouillon (m)	[bujɔ̃]
panino (m)	sandwich (m)	[sɑ̃dwitʃ]
uova (f pl) al tegamino	les œufs brouillés	[lezø bruje]

cotoletta (f)	boulette (f)	[bulɛt]
hamburger (m)	hamburger (m)	[ɑ̃bœrgœr]
bistecca (f)	steak (m)	[stɛk]

55

arrosto (m)	rôti (m)	[roti]
contorno (m)	garniture (f)	[garnityr]
spaghetti (m pl)	spaghettis (m pl)	[spagɛti]
purè (m) di patate	purée (f)	[pyre]
pizza (f)	pizza (f)	[pidza]
porridge (m)	bouillie (f)	[buji]
frittata (f)	omelette (f)	[ɔmlɛt]
bollito (agg)	cuit à l'eau (agg)	[kɥitalo]
affumicato (agg)	fumé (agg)	[fyme]
fritto (agg)	frit (agg)	[fri]
secco (agg)	sec (agg)	[sɛk]
congelato (agg)	congelé (agg)	[kɔ̃ʒle]
sottoaceto (agg)	mariné (agg)	[marine]
dolce (gusto)	sucré (agg)	[sykre]
salato (agg)	salé (agg)	[sale]
freddo (agg)	froid (agg)	[frwa]
caldo (agg)	chaud (agg)	[ʃo]
amaro (agg)	amer (agg)	[amɛr]
buono, gustoso (agg)	bon (agg)	[bɔ̃]
cuocere, preparare (vt)	cuire à l'eau	[kɥir a lo]
cucinare (vi)	préparer (vt)	[prepare]
friggere (vt)	faire frire	[fɛr frir]
riscaldare (vt)	réchauffer (vt)	[reʃofe]
salare (vt)	saler (vt)	[sale]
pepare (vt)	poivrer (vt)	[pwavre]
grattugiare (vt)	râper (vt)	[rɑpe]
buccia (f)	peau (f)	[po]
sbucciare (vt)	éplucher (vt)	[eplyʃe]

52. Cibo

carne (f)	viande (f)	[vjɑ̃d]
pollo (m)	poulet (m)	[pulɛ]
pollo (m) novello	poulet (m)	[pulɛ]
anatra (f)	canard (m)	[kanar]
oca (f)	oie (f)	[wa]
cacciagione (f)	gibier (m)	[ʒibje]
tacchino (m)	dinde (f)	[dɛ̃d]
carne (m) di maiale	du porc	[dy pɔr]
vitello (m)	du veau	[dy vo]
carne (f) di agnello	du mouton	[dy mutɔ̃]
manzo (m)	du bœuf	[dy bœf]
coniglio (m)	lapin (m)	[lapɛ̃]
salame (m)	saucisson (m)	[sosisɔ̃]
wüsterl (m)	saucisse (f)	[sosis]
pancetta (f)	bacon (m)	[bekɔn]
prosciutto (m)	jambon (m)	[ʒɑ̃bɔ̃]
prosciutto (m) affumicato	cuisse (f)	[kɥis]

pâté (m)	pâté (m)	[pate]
fegato (m)	foie (m)	[fwa]
lardo (m)	lard (m)	[lar]
carne (f) trita	farce (f)	[fars]
lingua (f)	langue (f)	[lãg]

uovo (m)	œuf (m)	[œf]
uova (f pl)	les œufs	[lezø]
albume (m)	blanc (m) d'œuf	[blã dœf]
tuorlo (m)	jaune (m) d'œuf	[ʒon dœf]

pesce (m)	poisson (m)	[pwasõ]
frutti (m pl) di mare	fruits (m pl) de mer	[frɥi də mɛr]
crostacei (m pl)	crustacés (m pl)	[krystase]
caviale (m)	caviar (m)	[kavjar]

granchio (m)	crabe (m)	[krab]
gamberetto (m)	crevette (f)	[krəvɛt]
ostrica (f)	huître (f)	[ɥitr]
aragosta (f)	langoustine (f)	[lãgustin]
polpo (m)	poulpe (m)	[pulp]
calamaro (m)	calamar (m)	[kalamar]

storione (m)	esturgeon (m)	[ɛstyrʒõ]
salmone (m)	saumon (m)	[somõ]
ippoglosso (m)	flétan (m)	[fletã]

merluzzo (m)	morue (f)	[mɔry]
scombro (m)	maquereau (m)	[makro]
tonno (m)	thon (m)	[tõ]
anguilla (f)	anguille (f)	[ãgij]

trota (f)	truite (f)	[trɥit]
sardina (f)	sardine (f)	[sardin]
luccio (m)	brochet (m)	[brɔʃɛ]
aringa (f)	hareng (m)	[arã]

pane (m)	pain (m)	[pɛ̃]
formaggio (m)	fromage (m)	[frɔmaʒ]
zucchero (m)	sucre (m)	[sykr]
sale (m)	sel (m)	[sɛl]

riso (m)	riz (m)	[ri]
pasta (f)	pâtes (m pl)	[pat]
tagliatelle (f pl)	nouilles (f pl)	[nuj]

burro (m)	beurre (m)	[bœr]
olio (m) vegetale	huile (f) végétale	[ɥil veʒetal]
olio (m) di girasole	huile (f) de tournesol	[ɥil də turnəsɔl]
margarina (f)	margarine (f)	[margarin]

| olive (f pl) | olives (f pl) | [ɔliv] |
| olio (m) d'oliva | huile (f) d'olive | [ɥil dɔliv] |

| latte (m) | lait (m) | [lɛ] |
| latte (m) condensato | lait (m) condensé | [lɛ kõdãse] |

yogurt (m)	**yogourt** (m)	[jaurt]
panna (f) acida	**crème** (f) **aigre**	[krɛm ɛgr]
panna (f)	**crème** (f)	[krɛm]
maionese (m)	**sauce** (f) **mayonnaise**	[sos majɔnɛz]
crema (f)	**crème** (f) **au beurre**	[krɛm o bœr]
cereali (m pl)	**gruau** (m)	[gryo]
farina (f)	**farine** (f)	[farin]
cibi (m pl) in scatola	**conserves** (f pl)	[kɔ̃sɛrv]
fiocchi (m pl) di mais	**pétales** (m pl) **de maïs**	[petal də mais]
miele (m)	**miel** (m)	[mjɛl]
marmellata (f)	**confiture** (f)	[kɔ̃fityr]
gomma (f) da masticare	**gomme** (f) **à mâcher**	[gɔm ɑ mɑʃe]

53. Bevande

acqua (f)	**eau** (f)	[o]
acqua (f) potabile	**eau** (f) **potable**	[o pɔtabl]
acqua (f) minerale	**eau** (f) **minérale**	[o mineral]
liscia (non gassata)	**plate** (agg)	[plat]
gassata (agg)	**gazeuse** (agg)	[gazøz]
frizzante (agg)	**pétillante** (agg)	[petijɑ̃t]
ghiaccio (m)	**glace** (f)	[glas]
con ghiaccio	**avec de la glace**	[avɛk dəla glas]
analcolico (agg)	**sans alcool**	[sɑ̃ zalkɔl]
bevanda (f) analcolica	**boisson** (f) **non alcoolisée**	[bwasɔ̃ nonalkɔlize]
bibita (f)	**rafraîchissement** (m)	[rafrɛʃismɑ̃]
limonata (f)	**limonade** (f)	[limɔnad]
bevande (f pl) alcoliche	**boissons** (f pl) **alcoolisées**	[bwasɔ̃ alkɔlize]
vino (m)	**vin** (m)	[vɛ̃]
vino (m) bianco	**vin** (m) **blanc**	[vɛ̃ blɑ̃]
vino (m) rosso	**vin** (m) **rouge**	[vɛ̃ ruʒ]
liquore (m)	**liqueur** (f)	[likœr]
champagne (m)	**champagne** (m)	[ʃɑ̃paɲ]
vermouth (m)	**vermouth** (m)	[vɛrmut]
whisky	**whisky** (m)	[wiski]
vodka (f)	**vodka** (f)	[vɔdka]
gin (m)	**gin** (m)	[dʒin]
cognac (m)	**cognac** (m)	[kɔɲak]
rum (m)	**rhum** (m)	[rɔm]
caffè (m)	**café** (m)	[kafe]
caffè (m) nero	**café** (m) **noir**	[kafe nwar]
caffè latte (m)	**café** (m) **au lait**	[kafe o lɛ]
cappuccino (m)	**cappuccino** (m)	[kaputʃino]
caffè (m) solubile	**café** (m) **soluble**	[kafe sɔlybl]
latte (m)	**lait** (m)	[lɛ]

cocktail (m)	cocktail (m)	[kɔktɛl]
frullato (m)	cocktail (m) au lait	[kɔktɛl o lɛ]
succo (m)	jus (m)	[ʒy]
succo (m) di pomodoro	jus (m) de tomate	[ʒy də tɔmat]
succo (m) d'arancia	jus (m) d'orange	[ʒy dɔrɑ̃ʒ]
spremuta (f)	jus (m) pressé	[ʒy prese]
birra (f)	bière (f)	[bjɛr]
birra (f) chiara	bière (f) blonde	[bjɛr blɔ̃d]
birra (f) scura	bière (f) brune	[bjɛr bryn]
tè (m)	thé (m)	[te]
tè (m) nero	thé (m) noir	[te nwar]
tè (m) verde	thé (m) vert	[te vɛr]

54. Verdure

ortaggi (m pl)	légumes (m pl)	[legym]
verdura (f)	verdure (f)	[vɛrdyr]
pomodoro (m)	tomate (f)	[tɔmat]
cetriolo (m)	concombre (m)	[kɔ̃kɔ̃br]
carota (f)	carotte (f)	[karɔt]
patata (f)	pomme (f) de terre	[pɔm də tɛr]
cipolla (f)	oignon (m)	[ɔɲɔ̃]
aglio (m)	ail (m)	[aj]
cavolo (m)	chou (m)	[ʃu]
cavolfiore (m)	chou-fleur (m)	[ʃuflœr]
cavoletti (m pl) di Bruxelles	chou (m) de Bruxelles	[ʃu də brysɛl]
broccolo (m)	brocoli (m)	[brɔkɔli]
barbabietola (f)	betterave (f)	[bɛtrav]
melanzana (f)	aubergine (f)	[obɛrʒin]
zucchina (f)	courgette (f)	[kurʒɛt]
zucca (f)	potiron (m)	[pɔtirɔ̃]
rapa (f)	navet (m)	[navɛ]
prezzemolo (m)	persil (m)	[pɛrsi]
aneto (m)	fenouil (m)	[fənuj]
lattuga (f)	laitue (f), salade (f)	[lety], [salad]
sedano (m)	céleri (m)	[sɛlri]
asparago (m)	asperge (f)	[aspɛrʒ]
spinaci (m pl)	épinard (m)	[epinar]
pisello (m)	pois (m)	[pwa]
fave (f pl)	fèves (f pl)	[fɛv]
mais (m)	maïs (m)	[mais]
fagiolo (m)	haricot (m)	[ariko]
peperone (m)	poivron (m)	[pwavrɔ̃]
ravanello (m)	radis (m)	[radi]
carciofo (m)	artichaut (m)	[artiʃo]

55. Frutta. Noci

frutto (m)	fruit (m)	[frᵤi]
mela (f)	pomme (f)	[pɔm]
pera (f)	poire (f)	[pwar]
limone (m)	citron (m)	[sitrõ]
arancia (f)	orange (f)	[ɔrãʒ]
fragola (f)	fraise (f)	[frɛz]
mandarino (m)	mandarine (f)	[mãdarin]
prugna (f)	prune (f)	[pryn]
pesca (f)	pêche (f)	[pɛʃ]
albicocca (f)	abricot (m)	[abriko]
lampone (m)	framboise (f)	[frãbwaz]
ananas (m)	ananas (m)	[anana]
banana (f)	banane (f)	[banan]
anguria (f)	pastèque (f)	[pastɛk]
uva (f)	raisin (m)	[rɛzɛ̃]
amarena (f)	cerise (f)	[səriz]
ciliegia (f)	merise (f)	[məriz]
melone (m)	melon (m)	[məlõ]
pompelmo (m)	pamplemousse (m)	[pãpləmus]
avocado (m)	avocat (m)	[avɔka]
papaia (f)	papaye (f)	[papaj]
mango (m)	mangue (f)	[mãg]
melagrana (f)	grenade (f)	[grənad]
ribes (m) rosso	groseille (f) rouge	[grozɛj ruʒ]
ribes (m) nero	cassis (m)	[kasis]
uva (f) spina	groseille (f) verte	[grozɛj vɛrt]
mirtillo (m)	myrtille (f)	[mirtij]
mora (f)	mûre (f)	[myr]
uvetta (f)	raisin (m) sec	[rɛzɛ̃ sɛk]
fico (m)	figue (f)	[fig]
dattero (m)	datte (f)	[dat]
arachide (f)	cacahuète (f)	[kakawɛt]
mandorla (f)	amande (f)	[amãd]
noce (f)	noix (f)	[nwa]
nocciola (f)	noisette (f)	[nwazɛt]
noce (f) di cocco	noix (f) de coco	[nwa də kɔkɔ]
pistacchi (m pl)	pistaches (f pl)	[pistaʃ]

56. Pane. Dolci

pasticceria (f)	confiserie (f)	[kõfizri]
pane (m)	pain (m)	[pɛ̃]
biscotti (m pl)	biscuit (m)	[biskᵤi]
cioccolato (m)	chocolat (m)	[ʃɔkɔla]
al cioccolato (agg)	en chocolat (agg)	[ã ʃɔkɔla]

caramella (f)	bonbon (m)	[bõbõ]
tortina (f)	gâteau (m)	[gato]
torta (f)	tarte (f)	[tart]

| crostata (f) | gâtoau (m) | [gɑto] |
| ripieno (m) | garniture (f) | [garnityr] |

marmellata (f)	confiture (f)	[kõfityr]
marmellata (f) di agrumi	marmelade (f)	[marmǝlad]
wafer (m)	gaufre (f)	[gofr]
gelato (m)	glace (f)	[glas]
budino (m)	pudding (m)	[pudiŋ]

57. Spezie

sale (m)	sel (m)	[sɛl]
salato (agg)	salé (agg)	[sale]
salare (vt)	saler (vt)	[sale]

pepe (m) nero	poivre (m) noir	[pwavr nwar]
peperoncino (m)	poivre (m) rouge	[pwavr ruʒ]
senape (f)	moutarde (f)	[mutard]
cren (m)	raifort (m)	[rɛfor]

condimento (m)	condiment (m)	[kõdimã]
spezie (f pl)	épice (f)	[epis]
salsa (f)	sauce (f)	[sos]
aceto (m)	vinaigre (m)	[vinɛgr]

anice (m)	anis (m)	[ani(s)]
basilico (m)	basilic (m)	[bazilik]
chiodi (m pl) di garofano	clou (m) de girofle	[klu dǝ ʒirofl]
zenzero (m)	gingembre (m)	[ʒɛ̃ʒãbr]
coriandolo (m)	coriandre (m)	[korjãdr]
cannella (f)	cannelle (f)	[kanɛl]

sesamo (m)	sésame (m)	[sezam]
alloro (m)	feuille (f) de laurier	[fœj dǝ lorje]
paprica (f)	paprika (m)	[paprika]
cumino (m)	cumin (m)	[kymɛ̃]
zafferano (m)	safran (m)	[safrã]

INFORMAZIONI PERSONALI. FAMIGLIA

58. Informazioni personali. Moduli

nome (m)	prénom (m)	[prenɔ̃]
cognome (m)	nom (m) de famille	[nɔ̃ də famij]
data (f) di nascita	date (f) de naissance	[dat də nɛsɑ̃s]
luogo (m) di nascita	lieu (m) de naissance	[ljø də nɛsɑ̃s]
nazionalità (f)	nationalité (f)	[nasjɔnalite]
domicilio (m)	domicile (m)	[dɔmisil]
paese (m)	pays (m)	[pei]
professione (f)	profession (f)	[prɔfɛsjɔ̃]
sesso (m)	sexe (m)	[sɛks]
statura (f)	taille (f)	[taj]
peso (m)	poids (m)	[pwa]

59. Membri della famiglia. Parenti

madre (f)	mère (f)	[mɛr]
padre (m)	père (m)	[pɛr]
figlio (m)	fils (m)	[fis]
figlia (f)	fille (f)	[fij]
figlia (f) minore	fille (f) cadette	[fij kadɛt]
figlio (m) minore	fils (m) cadet	[fis kadɛ]
figlia (f) maggiore	fille (f) aînée	[fij ene]
figlio (m) maggiore	fils (m) aîné	[fis ene]
fratello (m)	frère (m)	[frɛr]
sorella (f)	sœur (f)	[sœr]
cugino (m)	cousin (m)	[kuzɛ̃]
cugina (f)	cousine (f)	[kuzin]
mamma (f)	maman (f)	[mamɑ̃]
papà (m)	papa (m)	[papa]
genitori (m pl)	parents (pl)	[parɑ̃]
bambino (m)	enfant (m, f)	[ɑ̃fɑ̃]
bambini (m pl)	enfants (pl)	[ɑ̃fɑ̃]
nonna (f)	grand-mère (f)	[grɑ̃mɛr]
nonno (m)	grand-père (m)	[grɑ̃pɛr]
nipote (m)	petit-fils (m)	[pti fis]
nipote (f)	petite-fille (f)	[ptit fij]
nipoti (pl)	petits-enfants (pl)	[pətizɑ̃fɑ̃]
zio (m)	oncle (m)	[ɔ̃kl]
zia (f)	tante (f)	[tɑ̃t]

nipote (m)	neveu (m)	[nəvø]
nipote (f)	nièce (f)	[njɛs]
suocera (f)	belle-mère (f)	[bɛlmɛr]
suocero (m)	beau-père (m)	[bopɛr]
genero (m)	gendre (m)	[ʒãdr]
matrigna (f)	belle-mère, marâtre (f)	[bɛlmɛr], [marɑtr]
patrigno (m)	beau-père (m)	[bopɛr]
neonato (m)	nourrisson (m)	[nurisɔ̃]
infante (m)	bébé (m)	[bebe]
bimbo (m), ragazzino (m)	petit (m)	[pti]
moglie (f)	femme (f)	[fam]
marito (m)	mari (m)	[mari]
coniuge (m)	époux (m)	[epu]
coniuge (f)	épouse (f)	[epuz]
sposato (agg)	marié (agg)	[marje]
sposata (agg)	mariée (agg)	[marje]
celibe (agg)	célibataire (agg)	[selibatɛr]
scapolo (m)	célibataire (m)	[selibatɛr]
divorziato (agg)	divorcé (agg)	[divɔrse]
vedova (f)	veuve (f)	[vœv]
vedovo (m)	veuf (m)	[vœf]
parente (m)	parent (m)	[parã]
parente (m) stretto	parent (m) proche	[parã prɔʃ]
parente (m) lontano	parent (m) éloigné	[parã elwaɲe]
parenti (m pl)	parents (m pl)	[parã]
orfano (m)	orphelin (m)	[ɔrfəlɛ̃]
orfana (f)	orpheline (f)	[ɔrfəlin]
tutore (m)	tuteur (m)	[tytœr]
adottare (~ un bambino)	adopter (vt)	[adɔpte]
adottare (~ una bambina)	adopter (vt)	[adɔpte]

60. Amici. Colleghi

amico (m)	ami (m)	[ami]
amica (f)	amie (f)	[ami]
amicizia (f)	amitié (f)	[amitje]
essere amici	être ami	[ɛtr ami]
amico (m) (inform.)	copain (m)	[kɔpɛ̃]
amica (f) (inform.)	copine (f)	[kɔpin]
partner (m)	partenaire (m)	[partənɛr]
capo (m)	chef (m)	[ʃɛf]
capo (m), superiore (m)	supérieur (m)	[syperjœr]
proprietario (m)	propriétaire (m)	[prɔprijetɛr]
subordinato (m)	subordonné (m)	[sybɔrdɔne]
collega (m)	collègue (m, f)	[kɔlɛg]
conoscente (m)	connaissance (f)	[kɔnɛsãs]

compagno (m) di viaggio	compagnon (m) de route	[kɔ̃paɲɔ̃ də rut]
compagno (m) di classe	copain (m) de classe	[kɔpɛ̃ də klas]
vicino (m)	voisin (m)	[vwazɛ̃]
vicina (f)	voisine (f)	[vwazin]
vicini (m pl)	voisins (m pl)	[vwazɛ̃]

CORPO UMANO. MEDICINALI

61. Testa

testa (f)	tête (f)	[tɛt]
viso (m)	visage (m)	[vizaʒ]
naso (m)	nez (m)	[ne]
bocca (f)	bouche (f)	[buʃ]
occhio (m)	œil (m)	[œj]
occhi (m pl)	les yeux	[lezjø]
pupilla (f)	pupille (f)	[pypij]
sopracciglio (m)	sourcil (m)	[sursi]
ciglio (m)	cil (m)	[sil]
palpebra (f)	paupière (f)	[popjɛr]
lingua (f)	langue (f)	[lɑ̃g]
dente (m)	dent (f)	[dɑ̃]
labbra (f pl)	lèvres (f pl)	[lɛvr]
zigomi (m)	pommettes (f pl)	[pɔmɛt]
gengiva (f)	gencive (f)	[ʒɑ̃siv]
palato (m)	palais (m)	[palɛ]
narici (f pl)	narines (f pl)	[narin]
mento (m)	menton (m)	[mɑ̃tɔ̃]
mascella (f)	mâchoire (f)	[mɑʃwar]
guancia (f)	joue (f)	[ʒu]
fronte (f)	front (m)	[frɔ̃]
tempia (f)	tempe (f)	[tɑ̃p]
orecchio (m)	oreille (f)	[ɔrɛj]
nuca (f)	nuque (f)	[nyk]
collo (m)	cou (m)	[ku]
gola (f)	gorge (f)	[gɔrʒ]
capelli (m pl)	cheveux (m pl)	[ʃəvø]
pettinatura (f)	coiffure (f)	[kwafyr]
taglio (m)	coupe (f)	[kup]
parrucca (f)	perruque (f)	[peryk]
baffi (m pl)	moustache (f)	[mustaʃ]
barba (f)	barbe (f)	[barb]
portare (~ la barba, ecc.)	porter (vt)	[porte]
treccia (f)	tresse (f)	[trɛs]
basette (f pl)	favoris (m pl)	[favori]
rosso (agg)	roux (agg)	[ru]
brizzolato (agg)	gris (agg)	[gri]
calvo (agg)	chauve (agg)	[ʃov]
calvizie (f)	calvitie (f)	[kalvisi]

coda (f) di cavallo	queue (f) de cheval	[kø də ʃəval]
frangetta (f)	frange (f)	[frɑ̃ʒ]

62. Corpo umano

mano (f)	main (f)	[mɛ̃]
braccio (m)	bras (m)	[bra]
dito (m)	doigt (m)	[dwa]
dito (m) del piede	orteil (m)	[ɔrtɛj]
pollice (m)	pouce (m)	[pus]
mignolo (m)	petit doigt (m)	[pəti dwa]
unghia (f)	ongle (m)	[ɔ̃gl]
pugno (m)	poing (m)	[pwɛ̃]
palmo (m)	paume (f)	[pom]
polso (m)	poignet (m)	[pwaɲɛ]
avambraccio (m)	avant-bras (m)	[avɑ̃bra]
gomito (m)	coude (m)	[kud]
spalla (f)	épaule (f)	[epol]
gamba (f)	jambe (f)	[ʒɑ̃b]
pianta (f) del piede	pied (m)	[pje]
ginocchio (m)	genou (m)	[ʒənu]
polpaccio (m)	mollet (m)	[mɔlɛ]
anca (f)	hanche (f)	[ɑ̃ʃ]
tallone (m)	talon (m)	[talɔ̃]
corpo (m)	corps (m)	[kɔr]
pancia (f)	ventre (m)	[vɑ̃tr]
petto (m)	poitrine (f)	[pwatrin]
seno (m)	sein (m)	[sɛ̃]
fianco (m)	côté (m)	[kote]
schiena (f)	dos (m)	[do]
zona (f) lombare	reins (m pl)	[rɛ̃]
vita (f)	taille (f)	[taj]
ombelico (m)	nombril (m)	[nɔ̃bril]
natiche (f pl)	fesses (f pl)	[fɛs]
sedere (m)	derrière (m)	[dɛrjɛr]
neo (m)	grain (m) de beauté	[grɛ̃ də bote]
voglia (f) (~ di fragola)	tache (f) de vin	[taʃ də vɛ̃]
tatuaggio (m)	tatouage (m)	[tatwaʒ]
cicatrice (f)	cicatrice (f)	[sikatris]

63. Malattie

malattia (f)	maladie (f)	[maladi]
essere malato	être malade	[ɛtr malad]
salute (f)	santé (f)	[sɑ̃te]
raffreddore (m)	rhume (m)	[rym]

tonsillite (f)	angine (f)	[ãʒin]
raffreddore (m)	refroidissement (m)	[rəfrwadismã]
raffreddarsi (vr)	prendre froid	[prãdr frwa]
bronchite (f)	bronchite (f)	[brõʃit]
polmonite (f)	pneumonie (f)	[pnømɔni]
influenza (f)	grippe (f)	[grip]
miope (agg)	myope (agg)	[mjɔp]
presbite (agg)	presbyte (agg)	[prɛsbit]
strabismo (m)	strabisme (m)	[strabism]
strabico (agg)	strabique (agg)	[strabik]
cateratta (f)	cataracte (f)	[katarakt]
glaucoma (m)	glaucome (m)	[glokom]
ictus (m) cerebrale	insulte (f)	[ɛ̃sylt]
attacco (m) di cuore	crise (f) cardiaque	[kriz kardjak]
infarto (m) miocardico	infarctus (m) de myocarde	[ɛ̃farktys də mjɔkard]
paralisi (f)	paralysie (f)	[paralizi]
paralizzare (vt)	paralyser (vt)	[paralize]
allergia (f)	allergie (f)	[alɛrʒi]
asma (f)	asthme (m)	[asm]
diabete (m)	diabète (m)	[djabɛt]
mal (m) di denti	mal (m) de dents	[mal də dã]
carie (f)	carie (f)	[kari]
diarrea (f)	diarrhée (f)	[djare]
stitichezza (f)	constipation (f)	[kõstipasjõ]
disturbo (m) gastrico	estomac (m) barbouillé	[ɛstɔma barbuje]
intossicazione (f) alimentare	intoxication (f) alimentaire	[ɛ̃tɔksikasjon alimãtɛr]
intossicarsi (vr)	être intoxiqué	[ɛtr ɛ̃tɔksike]
artrite (f)	arthrite (f)	[artrit]
rachitide (f)	rachitisme (m)	[raʃitism]
reumatismo (m)	rhumatisme (m)	[rymatism]
aterosclerosi (f)	athérosclérose (f)	[ateroskleroz]
gastrite (f)	gastrite (f)	[gastrit]
appendicite (f)	appendicite (f)	[apɛ̃disit]
colecistite (f)	cholécystite (f)	[kolesistit]
ulcera (f)	ulcère (m)	[ylsɛr]
morbillo (m)	rougeole (f)	[ruʒɔl]
rosolia (f)	rubéole (f)	[rybeɔl]
itterizia (f)	jaunisse (f)	[ʒonis]
epatite (f)	hépatite (f)	[epatit]
schizofrenia (f)	schizophrénie (f)	[skizɔfreni]
rabbia (f)	rage (f)	[raʒ]
nevrosi (f)	névrose (f)	[nevroz]
commozione (f) cerebrale	commotion (f) cérébrale	[kɔmɔsjõ serebral]
cancro (m)	cancer (m)	[kãsɛr]
sclerosi (f)	sclérose (f)	[skleroz]

sclerosi (f) multipla	sclérose (f) en plaques	[skleroz ɑ̃ plak]
alcolismo (m)	alcoolisme (m)	[alkɔlism]
alcolizzato (m)	alcoolique (m)	[alkɔlik]
sifilide (f)	syphilis (f)	[sifilis]
AIDS (m)	SIDA (m)	[sida]

tumore (m)	tumeur (f)	[tymœr]
maligno (agg)	maligne (agg)	[maliɲ]
benigno (agg)	bénigne (agg)	[beniɲ]

febbre (f)	fièvre (f)	[fjɛvr]
malaria (f)	malaria (f)	[malarja]
cancrena (f)	gangrène (f)	[gɑ̃grɛn]
mal (m) di mare	mal (m) de mer	[mal də mɛr]
epilessia (f)	épilepsie (f)	[epilɛpsi]

epidemia (f)	épidémie (f)	[epidemi]
tifo (m)	typhus (m)	[tifys]
tubercolosi (f)	tuberculose (f)	[tybɛrkyloz]
colera (m)	choléra (m)	[kɔlera]
peste (f)	peste (f)	[pɛst]

64. Sintomi. Cure. Parte 1

sintomo (m)	symptôme (m)	[sɛ̃ptom]
temperatura (f)	température (f)	[tɑ̃peratyr]
febbre (f) alta	fièvre (f)	[fjɛvr]
polso (m)	pouls (m)	[pu]

capogiro (m)	vertige (m)	[vɛrtiʒ]
caldo (agg)	chaud (agg)	[ʃo]
brivido (m)	frisson (m)	[frisɔ̃]
pallido (un viso ~)	pâle (agg)	[pɑl]

tosse (f)	toux (f)	[tu]
tossire (vi)	tousser (vi)	[tuse]
starnutire (vi)	éternuer (vi)	[etɛrnɥe]
svenimento (m)	évanouissement (m)	[evanwismɑ̃]
svenire (vi)	s'évanouir (vp)	[sevanwir]

livido (m)	bleu (m)	[blø]
bernoccolo (m)	bosse (f)	[bɔs]
farsi un livido	se heurter (vp)	[sə œrte]
contusione (f)	meurtrissure (f)	[mœrtrisyr]
farsi male	se faire mal	[sə fɛr mal]

zoppicare (vi)	boiter (vi)	[bwate]
slogatura (f)	foulure (f)	[fulyr]
slogarsi (vr)	se démettre (vp)	[sə demɛtr]
frattura (f)	fracture (f)	[fraktyr]
fratturarsi (vr)	avoir une fracture	[avwar yn fraktyr]

taglio (m)	coupure (f)	[kupyr]
tagliarsi (vr)	se couper (vp)	[sə kupe]

emorragia (f)	hémorragie (f)	[emɔraʒi]
scottatura (f)	brûlure (f)	[brylyr]
scottarsi (vr)	se brûler (vp)	[sə bryle]
pungere (vt)	co piquor (vp)	[ɜə pikɕ]
pungersi (vr)	se piquer (vp)	[sə pike]
ferire (vt)	blesser (vt)	[blese]
ferita (f)	blessure (f)	[blesyr]
lesione (f)	blessure (f)	[blesyr]
trauma (m)	trauma (m)	[troma]
delirare (vi)	délirer (vi)	[delire]
tartagliare (vi)	bégayer (vi)	[begeje]
colpo (m) di sole	insolation (f)	[ɛ̃sɔlasjɔ̃]

65. Sintomi. Cure. Parte 2

dolore (m), male (m)	douleur (f)	[dulœr]
scheggia (f)	écharde (f)	[eʃard]
sudore (m)	sueur (f)	[sɥœr]
sudare (vi)	suer (vi)	[sɥe]
vomito (m)	vomissement (m)	[vɔmismã]
convulsioni (f pl)	spasmes (m pl)	[spasm]
incinta (agg)	enceinte (agg)	[ãsɛ̃t]
nascere (vi)	naître (vi)	[nɛtr]
parto (m)	accouchement (m)	[akuʃmã]
essere in travaglio di parto	accoucher (vt)	[akuʃe]
aborto (m)	avortement (m)	[avɔrtəmã]
respirazione (f)	respiration (f)	[rɛspirasjɔ̃]
inspirazione (f)	inhalation (f)	[inalasjɔ̃]
espirazione (f)	expiration (f)	[ɛkspirasjɔ̃]
espirare (vi)	expirer (vi)	[ɛkspire]
inspirare (vi)	inspirer (vi)	[inale]
invalido (m)	invalide (m)	[ɛ̃valid]
storpio (m)	handicapé (m)	[ãdikape]
drogato (m)	drogué (m)	[drɔge]
sordo (agg)	sourd (agg)	[sur]
muto (agg)	muet (agg)	[mɥɛ]
sordomuto (agg)	sourd-muet (agg)	[surmɥɛ]
matto (agg)	fou (agg)	[fu]
matto (m)	fou (m)	[fu]
matta (f)	folle (f)	[fɔl]
impazzire (vi)	devenir fou	[dəvnir fu]
gene (m)	gène (m)	[ʒɛn]
immunità (f)	immunité (f)	[imynite]
ereditario (agg)	héréditaire (agg)	[ereditɛr]
innato (agg)	congénital (agg)	[kɔ̃ʒenital]

virus (m)	virus (m)	[virys]
microbo (m)	microbe (m)	[mikrɔb]
batterio (m)	bactérie (f)	[bakteri]
infezione (f)	infection (f)	[ɛ̃fɛksjɔ̃]

66. Sintomi. Cure. Parte 3

ospedale (m)	hôpital (m)	[ɔpital]
paziente (m)	patient (m)	[pasjɑ̃]
diagnosi (f)	diagnostic (m)	[djagnɔstik]
cura (f)	cure (f)	[kyr]
trattamento (m)	traitement (m)	[trɛtmɑ̃]
curarsi (vr)	se faire soigner	[sə fɛr swaɲe]
curare (vt)	traiter (vt)	[trete]
accudire (un malato)	soigner (vt)	[swaɲe]
assistenza (f)	soins (m pl)	[swɛ̃]
operazione (f)	opération (f)	[ɔperasjɔ̃]
bendare (vt)	panser (vt)	[pɑ̃se]
fasciatura (f)	pansement (m)	[pɑ̃smɑ̃]
vaccinazione (f)	vaccination (f)	[vaksinasjɔ̃]
vaccinare (vt)	vacciner (vt)	[vaksine]
iniezione (f)	piqûre (f)	[pikyr]
fare una puntura	faire une piqûre	[fɛr yn pikyr]
attacco (m) (~ epilettico)	crise, attaque (f)	[kriz], [atak]
amputazione (f)	amputation (f)	[ɑ̃pytasjɔ̃]
amputare (vt)	amputer (vt)	[ɑ̃pyte]
coma (m)	coma (m)	[kɔma]
essere in coma	être dans le coma	[ɛtr dɑ̃ lə kɔma]
rianimazione (f)	réanimation (f)	[reanimasjɔ̃]
guarire (vi)	se rétablir (vp)	[sə retablir]
stato (f) (del paziente)	état (m)	[eta]
conoscenza (f)	conscience (f)	[kɔ̃sjɑ̃s]
memoria (f)	mémoire (f)	[memwar]
estrarre (~ un dente)	arracher (vt)	[araʃe]
otturazione (f)	plombage (m)	[plɔ̃baʒ]
otturare (vt)	plomber (vt)	[plɔ̃be]
ipnosi (f)	hypnose (f)	[ipnoz]
ipnotizzare (vt)	hypnotiser (vt)	[ipnɔtize]

67. Medicinali. Farmaci. Accessori

medicina (f)	médicament (m)	[medikamɑ̃]
rimedio (m)	remède (m)	[rəmɛd]
prescrivere (vt)	prescrire (vt)	[prɛskrir]
prescrizione (f)	ordonnance (f)	[ɔrdɔnɑ̃s]

compressa (f)	comprimé (m)	[kɔ̃prime]
unguento (m)	onguent (m)	[ɔ̃gɑ̃]
fiala (f)	ampoule (f)	[ɑ̃pul]
pozione (f)	mixture (f)	[mikstyr]
sciroppo (m)	sirop (m)	[siro]
pillola (f)	pilule (f)	[pilyl]
polverina (f)	poudre (f)	[pudr]

benda (f)	bande (f)	[bɑ̃d]
ovatta (f)	coton (m)	[kɔtɔ̃]
iodio (m)	iode (m)	[jɔd]

cerotto (m)	sparadrap (m)	[sparadra]
contagocce (m)	compte-gouttes (m)	[kɔ̃tgut]
termometro (m)	thermomètre (m)	[tɛrmɔmɛtr]
siringa (f)	seringue (f)	[sərɛ̃g]

| sedia (f) a rotelle | fauteuil (m) roulant | [fotœj rulɑ̃] |
| stampelle (f pl) | béquilles (f pl) | [bekij] |

analgesico (m)	anesthésique (m)	[anɛstezik]
lassativo (m)	purgatif (m)	[pyrgatif]
alcol (m)	alcool (m)	[alkɔl]
erba (f) officinale	herbe (f) médicinale	[ɛrb medisinal]
alle erbe (agg)	d'herbes (agg)	[dɛrb]

APPARTAMENTO

68. Appartamento

appartamento (m)	appartement (m)	[apartəmã]
camera (f), stanza (f)	chambre (f)	[ʃãbr]
camera (f) da letto	chambre (f) à coucher	[ʃãbr a kuʃe]
sala (f) da pranzo	salle (f) à manger	[sal a mãʒe]
salotto (m)	salon (m)	[salõ]
studio (m)	bureau (m)	[byro]
ingresso (m)	antichambre (f)	[ãtiʃãbr]
bagno (m)	salle (f) de bains	[sal də bɛ̃]
gabinetto (m)	toilettes (f pl)	[twalɛt]
soffitto (m)	plafond (m)	[plafõ]
pavimento (m)	plancher (m)	[plãʃe]
angolo (m)	coin (m)	[kwɛ̃]

69. Arredamento. Interno

mobili (m pl)	meubles (m pl)	[mœbl]
tavolo (m)	table (f)	[tabl]
sedia (f)	chaise (f)	[ʃɛz]
letto (m)	lit (m)	[li]
divano (m)	canapé (m)	[kanape]
poltrona (f)	fauteuil (m)	[fotœj]
libreria (f)	bibliothèque (f)	[biblijɔtɛk]
ripiano (m)	rayon (m)	[rɛjõ]
scaffale (m)	étagère (f)	[etaʒɛr]
armadio (m)	armoire (f)	[armwar]
attaccapanni (m) da parete	patère (f)	[patɛr]
appendiabiti (m) da terra	portemanteau (m)	[pɔrtmãto]
comò (m)	commode (f)	[kɔmɔd]
tavolino (m) da salotto	table (f) basse	[tabl bas]
specchio (m)	miroir (m)	[mirwar]
tappeto (m)	tapis (m)	[tapi]
tappetino (m)	petit tapis (m)	[pəti tapi]
camino (m)	cheminée (f)	[ʃəmine]
candela (f)	bougie (f)	[buʒi]
candeliere (m)	chandelier (m)	[ʃãdəlje]
tende (f pl)	rideaux (m pl)	[rido]
carta (f) da parati	papier (m) peint	[papje pɛ̃]

tende (f pl) alla veneziana	jalousie (f)	[ʒaluzi]
lampada (f) da tavolo	lampe (f) de table	[lɑ̃p də tabl]
lampada (f) da parete	applique (f)	[aplik]
lampada (f) a stelo	lampadaire (m)	[lɑ̃padɛr]
lampadario (m)	lustro (m)	[lyɔtr]

gamba (f)	pied (m)	[pje]
bracciolo (m)	accoudoir (m)	[akudwar]
spalliera (f)	dossier (m)	[dosje]
cassetto (m)	tiroir (m)	[tirwar]

70. Biancheria da letto

biancheria (f) da letto	linge (m) de lit	[lɛ̃ʒ də li]
cuscino (m)	oreiller (m)	[ɔrɛje]
federa (f)	taie (f) d'oreiller	[tɛ dɔrɛje]
coperta (f)	couverture (f)	[kuvɛrtyr]
lenzuolo (m)	drap (m)	[dra]
copriletto (m)	couvre-lit (m)	[kuvrəli]

71. Cucina

cucina (f)	cuisine (f)	[kɥizin]
gas (m)	gaz (m)	[gaz]
fornello (m) a gas	cuisinière (f) à gaz	[kɥizinjɛr a gaz]
fornello (m) elettrico	cuisinière (f) électrique	[kɥizinjɛr elɛktrik]
forno (m)	four (m)	[fur]
forno (m) a microonde	four (m) micro-ondes	[fur mikrɔɔ̃d]

frigorifero (m)	réfrigérateur (m)	[refriʒeratœr]
congelatore (m)	congélateur (m)	[kɔ̃ʒelatœr]
lavastoviglie (f)	lave-vaisselle (m)	[lavvesɛl]

tritacarne (m)	hachoir (m)	[aʃwar]
spremifrutta (m)	centrifugeuse (f)	[sɑ̃trifyʒøz]
tostapane (m)	grille-pain (m)	[grijpɛ̃]
mixer (m)	batteur (m)	[batœr]

macchina (f) da caffè	machine (f) à café	[maʃin a kafe]
caffettiera (f)	cafetière (f)	[kaftjɛr]
macinacaffè (m)	moulin (m) à café	[mulɛ̃ a kafe]

bollitore (m)	bouilloire (f)	[bujwar]
teiera (f)	théière (f)	[tejɛr]
coperchio (m)	couvercle (m)	[kuvɛrkl]
colino (m) da tè	passoire (f) à thé	[pɑswar a te]

cucchiaio (m)	cuillère (f)	[kɥijɛr]
cucchiaino (m) da tè	petite cuillère (f)	[pətit kɥijɛr]
cucchiaio (m)	cuillère (f) à soupe	[kɥijɛr a sup]
forchetta (f)	fourchette (f)	[furʃet]
coltello (m)	couteau (m)	[kuto]

stoviglie (f pl)	vaisselle (f)	[vɛsɛl]
piatto (m)	assiette (f)	[asjɛt]
piattino (m)	soucoupe (f)	[sukup]

bicchiere (m) da vino	verre (m) à shot	[vɛr a ʃot]
bicchiere (m) (~ d'acqua)	verre (m)	[vɛr]
tazzina (f)	tasse (f)	[tɑs]

zuccheriera (f)	sucrier (m)	[sykrije]
saliera (f)	salière (f)	[saljɛr]
pepiera (f)	poivrière (f)	[pwavrijɛr]
burriera (f)	beurrier (m)	[bœrje]

pentola (f)	casserole (f)	[kasrɔl]
padella (f)	poêle (f)	[pwal]
mestolo (m)	louche (f)	[luʃ]
colapasta (m)	passoire (f)	[pɑswar]
vassoio (m)	plateau (m)	[plato]

bottiglia (f)	bouteille (f)	[butɛj]
barattolo (m) di vetro	bocal (m)	[bɔkal]
latta, lattina (f)	boîte (f) en fer-blanc	[bwat ɑ̃ fɛrblɑ̃]

apribottiglie (m)	ouvre-bouteille (m)	[uvrəbutɛj]
apriscatole (m)	ouvre-boîte (m)	[uvrəbwat]
cavatappi (m)	tire-bouchon (m)	[tirbuʃɔ̃]
filtro (m)	filtre (m)	[filtr]
filtrare (vt)	filtrer (vt)	[filtre]

| spazzatura (f) | ordures (f pl) | [ɔrdyr] |
| pattumiera (f) | poubelle (f) | [pubɛl] |

72. Bagno

bagno (m)	salle (f) de bains	[sal də bɛ̃]
acqua (f)	eau (f)	[o]
rubinetto (m)	robinet (m)	[rɔbinɛ]
acqua (f) calda	eau (f) chaude	[o ʃod]
acqua (f) fredda	eau (f) froide	[o frwad]

dentifricio (m)	dentifrice (m)	[dɑ̃tifris]
lavarsi i denti	se brosser les dents	[sə brɔse le dɑ̃]
spazzolino (m) da denti	brosse (f) à dents	[brɔs a dɑ̃]

rasarsi (vr)	se raser (vp)	[sə raze]
schiuma (f) da barba	mousse (f) à raser	[mus a raze]
rasoio (m)	rasoir (m)	[razwar]

lavare (vt)	laver (vt)	[lave]
fare un bagno	se laver (vp)	[sə lave]
doccia (f)	douche (f)	[duʃ]
fare una doccia	prendre une douche	[prɑ̃dr yn duʃ]
vasca (f) da bagno	baignoire (f)	[bɛɲwar]
water (m)	cuvette (f)	[kyvɛt]

lavandino (m)	lavabo (m)	[lavabo]
sapone (m)	savon (m)	[savõ]
porta (m) sapone	porte-savon (m)	[pɔrtsavõ]

spugna (f)	éponge (f)	[epõʒ]
shampoo (m)	shampooing (m)	[ʃãpwɛ̃]
asciugamano (m)	serviette (f)	[sɛrvjɛt]
accappatoio (m)	peignoir (m) de bain	[pɛɲwar də bɛ̃]

bucato (m)	lessive (f)	[lɛsiv]
lavatrice (f)	machine (f) à laver	[maʃin a lave]
fare il bucato	faire la lessive	[fɛr la lɛsiv]
detersivo (m) per il bucato	lessive (f)	[lɛsiv]

73. Elettrodomestici

televisore (m)	télé (f)	[tele]
registratore (m) a nastro	magnétophone (m)	[maɲetɔfɔn]
videoregistratore (m)	magnétoscope (m)	[maɲetɔskɔp]
radio (f)	radio (f)	[radjo]
lettore (m)	lecteur (m)	[lɛktœr]

videoproiettore (m)	vidéoprojecteur (m)	[videɔprɔʒɛktœr]
home cinema (m)	home cinéma (m)	[həum sinema]
lettore (m) DVD	lecteur DVD (m)	[lɛktœr devede]
amplificatore (m)	amplificateur (m)	[ãplifikatœr]
console (f) video giochi	console (f) de jeux	[kõsɔl də ʒø]

videocamera (f)	caméscope (m)	[kameskɔp]
macchina (f) fotografica	appareil (m) photo	[aparɛj fɔto]
fotocamera (f) digitale	appareil (m) photo numérique	[aparɛj foto nymerik]

aspirapolvere (m)	aspirateur (m)	[aspiratœr]
ferro (m) da stiro	fer (m) à repasser	[fɛr a rəpase]
asse (f) da stiro	planche (f) à repasser	[plãʃ a rəpase]

telefono (m)	téléphone (m)	[telefɔn]
telefonino (m)	portable (m)	[pɔrtabl]
macchina (f) da scrivere	machine (f) à écrire	[maʃin a ekrir]
macchina (f) da cucire	machine (f) à coudre	[maʃin a kudr]

microfono (m)	micro (m)	[mikro]
cuffia (f)	écouteurs (m pl)	[ekutœr]
telecomando (m)	télécommande (f)	[telekɔmãd]

CD (m)	CD (m)	[sede]
cassetta (f)	cassette (f)	[kasɛt]
disco (m) (vinile)	disque (m) vinyle	[disk vinil]

LA TERRA. TEMPO

74. L'Universo

cosmo (m)	**cosmos** (m)	[kɔsmos]
cosmico, spaziale (agg)	**cosmique** (agg)	[kɔsmik]
spazio (m) cosmico	**espace** (m) **cosmique**	[ɛspas kɔsmik]
mondo (m)	**monde** (m)	[mɔ̃d]
universo (m)	**univers** (m)	[ynivɛr]
galassia (f)	**galaxie** (f)	[galaksi]
stella (f)	**étoile** (f)	[etwal]
costellazione (f)	**constellation** (f)	[kɔ̃stelasjɔ̃]
pianeta (m)	**planète** (f)	[planɛt]
satellite (m)	**satellite** (m)	[satelit]
meteorite (m)	**météorite** (m)	[meteɔrit]
cometa (f)	**comète** (f)	[kɔmɛt]
asteroide (m)	**astéroïde** (m)	[asterɔid]
orbita (f)	**orbite** (f)	[ɔrbit]
ruotare (vi)	**tourner** (vi)	[turne]
atmosfera (f)	**atmosphère** (f)	[atmɔsfɛr]
il Sole	**Soleil** (m)	[sɔlɛj]
sistema (m) solare	**système** (m) **solaire**	[sistɛm sɔlɛr]
eclisse (f) solare	**éclipse** (f) **de soleil**	[leklips də sɔlɛj]
la Terra	**Terre** (f)	[tɛr]
la Luna	**Lune** (f)	[lyn]
Marte (m)	**Mars** (m)	[mars]
Venere (f)	**Vénus** (f)	[venys]
Giove (m)	**Jupiter** (m)	[ʒypitɛr]
Saturno (m)	**Saturne** (m)	[satyrn]
Mercurio (m)	**Mercure** (m)	[mɛrkyr]
Urano (m)	**Uranus** (m)	[yranys]
Nettuno (m)	**Neptune**	[nɛptyn]
Plutone (m)	**Pluton** (m)	[plytɔ̃]
Via (f) Lattea	**la Voie Lactée**	[la vwa lakte]
Orsa (f) Maggiore	**la Grande Ours**	[la grɑ̃d urs]
Stella (f) Polare	**la Polaire**	[la pɔlɛr]
marziano (m)	**martien** (m)	[marsjɛ̃]
extraterrestre (m)	**extraterrestre** (m)	[ɛkstratɛrɛstr]
alieno (m)	**alien** (m)	[aljen]
disco (m) volante	**soucoupe** (f) **volante**	[sukup vɔlɑ̃t]
nave (f) spaziale	**vaisseau** (m) **spatial**	[vɛso spasjal]

stazione (f) spaziale	station (f) orbitale	[stasjɔ̃ ɔrbital]
lancio (m)	lancement (m)	[lɑ̃smɑ̃]
motore (m)	moteur (m)	[motœr]
ugello (m)	tuyère (f)	[tyjɛr]
combustibile (m)	carburant (m)	[karbyrɑ̃]
cabina (f) di pilotaggio	cabine (f)	[kabin]
antenna (f)	antenne (f)	[ɑ̃tɛn]
oblò (m)	hublot (m)	[yblo]
batteria (f) solare	batterie (f) solaire	[batri sɔlɛr]
scafandro (m)	scaphandre (m)	[skafɑ̃dr]
imponderabilità (f)	apesanteur (f)	[apəzɑ̃tœr]
ossigeno (m)	oxygène (m)	[ɔksiʒɛn]
aggancio (m)	arrimage (m)	[arimaʒ]
agganciarsi (vr)	s'arrimer à ...	[sarime a]
osservatorio (m)	observatoire (m)	[ɔpsɛrvatwar]
telescopio (m)	télescope (m)	[teleskɔp]
osservare (vt)	observer (vt)	[ɔpsɛrve]
esplorare (vt)	explorer (vt)	[ɛksplɔre]

75. La Terra

la Terra	Terre (f)	[tɛr]
globo (m) terrestre	globe (m) terrestre	[glob tɛrɛstr]
pianeta (m)	planète (f)	[planɛt]
atmosfera (f)	atmosphère (f)	[atmɔsfɛr]
geografia (f)	géographie (f)	[ʒeografi]
natura (f)	nature (f)	[natyr]
mappamondo (m)	globe (m) de table	[glob də tabl]
carta (f) geografica	carte (f)	[kart]
atlante (m)	atlas (m)	[atlas]
Europa (f)	Europe (f)	[ørɔp]
Asia (f)	Asie (f)	[azi]
Africa (f)	Afrique (f)	[afrik]
Australia (f)	Australie (f)	[ostrali]
America (f)	Amérique (f)	[amerik]
America (f) del Nord	Amérique (f) du Nord	[amerik dy nɔr]
America (f) del Sud	Amérique (f) du Sud	[amerik dy syd]
Antartide (f)	l'Antarctique (m)	[lɑ̃tarktik]
Artico (m)	l'Arctique (m)	[larktik]

76. Punti cardinali

nord (m)	nord (m)	[nɔr]
a nord	vers le nord	[vɛr lə nɔr]

| al nord | au nord | [onɔr] |
| del nord (agg) | du nord (agg) | [dy nɔr] |

sud (m)	sud (m)	[syd]
a sud	vers le sud	[vɛr lə syd]
al sud	au sud	[osyd]
del sud (agg)	du sud (agg)	[dy syd]

ovest (m)	ouest (m)	[wɛst]
a ovest	vers l'occident	[vɛr lɔksidɑ̃]
all'ovest	à l'occident	[alɔksidɑ̃]
dell'ovest, occidentale	occidental (agg)	[ɔksidɑ̃tal]

est (m)	est (m)	[ɛst]
a est	vers l'orient	[vɛr lɔrjɑ̃]
all'est	à l'orient	[alɔrjɑ̃]
dell'est, orientale	oriental (agg)	[ɔrjɑ̃tal]

77. Mare. Oceano

mare (m)	mer (f)	[mɛr]
oceano (m)	océan (m)	[ɔseɑ̃]
golfo (m)	golfe (m)	[gɔlf]
stretto (m)	détroit (m)	[detrwa]

terra (f) (terra firma)	terre (f) ferme	[tɛr fɛrm]
continente (m)	continent (m)	[kɔ̃tinɑ̃]
isola (f)	île (f)	[il]
penisola (f)	presqu'île (f)	[prɛskil]
arcipelago (m)	archipel (m)	[arʃipɛl]

baia (f)	baie (f)	[bɛ]
porto (m)	port (m)	[pɔr]
laguna (f)	lagune (f)	[lagyn]
capo (m)	cap (m)	[kap]

atollo (m)	atoll (m)	[atɔl]
reef (m)	récif (m)	[resif]
corallo (m)	corail (m)	[kɔraj]
barriera (f) corallina	récif (m) de corail	[resif də kɔraj]

profondo (agg)	profond (agg)	[prɔfɔ̃]
profondità (f)	profondeur (f)	[prɔfɔ̃dœr]
abisso (m)	abîme (m)	[abim]
fossa (f) (~ delle Marianne)	fosse (f) océanique	[fos ɔseanik]

| corrente (f) | courant (m) | [kurɑ̃] |
| circondare (vt) | baigner (vt) | [beɲe] |

| litorale (m) | littoral (m) | [litɔral] |
| costa (f) | côte (f) | [kot] |

| alta marea (f) | marée (f) haute | [mare ot] |
| bassa marea (f) | marée (f) basse | [mare bas] |

banco (m) di sabbia	banc (m) de sable	[bɑ̃ də sabl]
fondo (m)	fond (m)	[fɔ̃]
onda (f)	vague (f)	[vag]
cresta (f) dell'onda	crête (f) de la vague	[krɛt də la vag]
schiuma (f)	mousse (f)	[mus]
tempesta (f)	tempête (f) en mer	[tɑ̃pɛt ɑ̃mɛr]
uragano (m)	ouragan (m)	[uragɑ̃]
tsunami (m)	tsunami (m)	[tsynami]
bonaccia (f)	calme (m)	[kalm]
tranquillo (agg)	calme (agg)	[kalm]
polo (m)	pôle (m)	[pol]
polare (agg)	polaire (agg)	[pɔlɛr]
latitudine (f)	latitude (f)	[latityd]
longitudine (f)	longitude (f)	[lɔ̃ʒityd]
parallelo (m)	parallèle (f)	[paralɛl]
equatore (m)	équateur (m)	[ekwatœr]
cielo (m)	ciel (m)	[sjɛl]
orizzonte (m)	horizon (m)	[ɔrizɔ̃]
aria (f)	air (m)	[ɛr]
faro (m)	phare (m)	[far]
tuffarsi (vr)	plonger (vi)	[plɔ̃ʒe]
affondare (andare a fondo)	sombrer (vi)	[sɔ̃bre]
tesori (m)	trésor (m)	[trezɔr]

78. Nomi dei mari e degli oceani

Oceano (m) Atlantico	océan (m) Atlantique	[ɔsean atlɑ̃tik]
Oceano (m) Indiano	océan (m) Indien	[ɔsean ɛ̃djɛ̃]
Oceano (m) Pacifico	océan (m) Pacifique	[ɔseɑ̃ pasifik]
mar (m) Glaciale Artico	océan (m) Glacial	[ɔseɑ̃ glasjal]
mar (m) Nero	mer (f) Noire	[mɛr nwar]
mar (m) Rosso	mer (f) Rouge	[mɛr ruʒ]
mar (m) Giallo	mer (f) Jaune	[mɛr ʒon]
mar (m) Bianco	mer (f) Blanche	[mɛr blɑ̃ʃ]
mar (m) Caspio	mer (f) Caspienne	[mɛr kaspjɛn]
mar (m) Morto	mer (f) Morte	[mɛr mɔrt]
mar (m) Mediterraneo	mer (f) Méditerranée	[mɛr mediterane]
mar (m) Egeo	mer (f) Égée	[mɛr eʒe]
mar (m) Adriatico	mer (f) Adriatique	[mɛr adrijatik]
mar (m) Arabico	mer (f) Arabique	[mɛr arabik]
mar (m) del Giappone	mer (f) du Japon	[mɛr dy ʒapɔ̃]
mare (m) di Bering	mer (f) de Béring	[mɛr də beriŋ]
mar (m) Cinese meridionale	mer (f) de Chine Méridionale	[mɛr də ʃin meridjonal]
mar (m) dei Coralli	mer (f) de Corail	[mɛr də kɔraj]

mar (m) di Tasman	mer (f) de Tasman	[mɛr də tasman]
mar (m) dei Caraibi	mer (f) Caraïbe	[mɛr karaib]
mare (m) di Barents	mer (f) de Barents	[mɛr də barɛ̃s]
mare (m) di Kara	mer (f) de Kara	[mɛr də kara]
mare (m) del Nord	mer (f) du Nord	[mɛr dy nɔr]
mar (m) Baltico	mer (f) Baltique	[mɛr baltik]
mare (m) di Norvegia	mer (f) de Norvège	[mɛr də nɔrvɛʒ]

79. Montagne

monte (m), montagna (f)	montagne (f)	[mɔ̃taɲ]
catena (f) montuosa	chaîne (f) de montagnes	[ʃɛn də mɔ̃taɲ]
crinale (m)	crête (f)	[krɛt]
cima (f)	sommet (m)	[sɔmɛ]
picco (m)	pic (m)	[pik]
piedi (m pl)	pied (m)	[pje]
pendio (m)	pente (f)	[pɑ̃t]
vulcano (m)	volcan (m)	[vɔlkɑ̃]
vulcano (m) attivo	volcan (m) actif	[vɔlkɑn aktif]
vulcano (m) inattivo	volcan (m) éteint	[vɔlkɑn etɛ̃]
eruzione (f)	éruption (f)	[erypsjɔ̃]
cratere (m)	cratère (m)	[kratɛr]
magma (m)	magma (m)	[magma]
lava (f)	lave (f)	[lav]
fuso (lava ~a)	en fusion	[ɑ̃ fyzjɔ̃]
canyon (m)	canyon (m)	[kanjɔ̃]
gola (f)	défilé (m)	[defile]
crepaccio (m)	crevasse (f)	[krəvas]
precipizio (m)	précipice (m)	[presipis]
passo (m), valico (m)	col (m)	[kɔl]
altopiano (m)	plateau (m)	[plato]
falesia (f)	rocher (m)	[rɔʃe]
collina (f)	colline (f)	[kɔlin]
ghiacciaio (m)	glacier (m)	[glasje]
cascata (f)	chute (f) d'eau	[ʃyt do]
geyser (m)	geyser (m)	[ʒɛzɛr]
lago (m)	lac (m)	[lak]
pianura (f)	plaine (f)	[plɛn]
paesaggio (m)	paysage (m)	[peizaʒ]
eco (f)	écho (m)	[eko]
alpinista (m)	alpiniste (m)	[alpinist]
scalatore (m)	varappeur (m)	[varapœr]
conquistare (~ una cima)	conquérir (vt)	[kɔ̃kerir]
scalata (f)	ascension (f)	[asɑ̃sjɔ̃]

80. Nomi delle montagne

Alpi (f pl)	Alpes (f pl)	[alp]
Monte (m) Bianco	Mont Blanc (m)	[mɔ̃blɑ̃]
Pirenei (m pl)	Pyrénées (f pl)	[pirene]
Carpazi (m pl)	Carpates (f pl)	[karpat]
gli Urali (m pl)	Monts Oural (m pl)	[mɔ̃ ural]
Caucaso (m)	Caucase (m)	[kokaz]
Monte (m) Elbrus	Elbrous (m)	[ɛlbrys]
Monti (m pl) Altai	Altaï (m)	[altaj]
Tien Shan (m)	Tian Chan (m)	[tjɑ̃ ʃɑ̃]
Pamir (m)	Pamir (m)	[pamir]
Himalaia (m)	Himalaya (m)	[imalaja]
Everest (m)	Everest (m)	[evrɛst]
Ande (f pl)	Andes (f pl)	[ɑ̃d]
Kilimangiaro (m)	Kilimandjaro (m)	[kilimɑ̃dʒaro]

81. Fiumi

fiume (m)	rivière (f), fleuve (m)	[rivjɛr], [flœv]
fonte (f) (sorgente)	source (f)	[surs]
letto (m) (~ del fiume)	lit (m)	[li]
bacino (m)	bassin (m)	[basɛ̃]
sfociare nel ...	se jeter dans ...	[sə ʒəte dɑ̃]
affluente (m)	affluent (m)	[aflyɑ̃]
riva (f)	rive (f)	[riv]
corrente (f)	courant (m)	[kurɑ̃]
a valle	en aval	[ɑn aval]
a monte	en amont	[ɑn amɔ̃]
inondazione (f)	inondation (f)	[inɔ̃dasjɔ̃]
piena (f)	les grandes crues	[le grɑ̃d kry]
straripare (vi)	déborder (vt)	[debɔrde]
inondare (vt)	inonder (vt)	[inɔ̃de]
secca (f)	bas-fond (m)	[bafɔ̃]
rapida (f)	rapide (m)	[rapid]
diga (f)	barrage (m)	[baraʒ]
canale (m)	canal (m)	[kanal]
bacino (m) di riserva	lac (m) de barrage	[lak də baraʒ]
chiusa (f)	écluse (f)	[eklyz]
specchio (m) d'acqua	plan (m) d'eau	[plɑ̃ do]
palude (f)	marais (m)	[marɛ]
pantano (m)	fondrière (f)	[fɔ̃drijɛr]
vortice (m)	tourbillon (m)	[turbijɔ̃]
ruscello (m)	ruisseau (m)	[rɥiso]

potabile (agg)	**potable** (agg)	[pɔtabl]
dolce (di acqua ~)	**douce** (agg)	[dus]
ghiaccio (m)	**glace** (f)	[glas]
ghiacciarsi (vr)	**être gelé**	[ɛtr ʒəle]

82. Nomi dei fiumi

Senna (f)	**Seine** (f)	[sɛn]
Loira (f)	**Loire** (f)	[lwar]
Tamigi (m)	**Tamise** (f)	[tamiz]
Reno (m)	**Rhin** (m)	[rɛ̃]
Danubio (m)	**Danube** (m)	[danyb]
Volga (m)	**Volga** (f)	[vɔlga]
Don (m)	**Don** (m)	[dɔ̃]
Lena (f)	**Lena** (f)	[lena]
Fiume (m) Giallo	**Huang He** (m)	[waŋ e]
Fiume (m) Azzurro	**Yangzi Jiang** (m)	[jɑ̃gzijɑ̃g]
Mekong (m)	**Mékong** (m)	[mekɔ̃g]
Gange (m)	**Gange** (m)	[gɑ̃ʒ]
Nilo (m)	**Nil** (m)	[nil]
Congo (m)	**Congo** (m)	[kɔ̃go]
Okavango	**Okavango** (m)	[ɔkavangɔ]
Zambesi (m)	**Zambèze** (m)	[zɑ̃bɛz]
Limpopo (m)	**Limpopo** (m)	[limpɔpo]
Mississippi (m)	**Mississippi** (m)	[misisipi]

83. Foresta

foresta (f)	**forêt** (f)	[fɔrɛ]
forestale (agg)	**forestier** (agg)	[fɔrɛstje]
foresta (f) fitta	**fourré** (m)	[fure]
boschetto (m)	**bosquet** (m)	[bɔskɛ]
radura (f)	**clairière** (f)	[klɛrjɛr]
roveto (m)	**broussailles** (f pl)	[brusaj]
boscaglia (f)	**taillis** (m)	[taji]
sentiero (m)	**sentier** (m)	[sɑ̃tje]
calanco (m)	**ravin** (m)	[ravɛ̃]
albero (m)	**arbre** (m)	[arbr]
foglia (f)	**feuille** (f)	[fœj]
fogliame (m)	**feuillage** (m)	[fœjaʒ]
caduta (f) delle foglie	**chute** (f) **de feuilles**	[ʃyt də fœj]
cadere (vi)	**tomber** (vi)	[tɔ̃be]

cima (f)	sommet (m)	[sɔmɛ]
ramo (m), ramoscello (m)	rameau (m)	[ramo]
ramo (m)	branche (f)	[brɑ̃ʃ]
gemma (f)	bourgeon (m)	[burʒɔ̃]
ago (m)	aiguille (f)	[eɡɥij]
pigna (f)	pomme (f) de pin	[pɔm də pɛ̃]

cavità (f)	creux (m)	[krø]
nido (m)	nid (m)	[ni]
tana (f) (del fox, ecc.)	terrier (m)	[tɛrje]

tronco (m)	tronc (m)	[trɔ̃]
radice (f)	racine (f)	[rasin]
corteccia (f)	écorce (f)	[ekɔrs]
musco (m)	mousse (f)	[mus]

sradicare (vt)	déraciner (vt)	[derasine]
abbattere (~ un albero)	abattre (vt)	[abatr]
disboscare (vt)	déboiser (vt)	[debwaze]
ceppo (m)	souche (f)	[suʃ]

falò (m)	feu (m) de bois	[fø də bwa]
incendio (m) boschivo	incendie (m)	[ɛ̃sɑ̃di]
spegnere (vt)	éteindre (vt)	[etɛ̃dr]

guardia (f) forestale	garde (m) forestier	[gard fɔrɛstje]
protezione (f)	protection (f)	[prɔtɛksjɔ̃]
proteggere (~ la natura)	protéger (vt)	[prɔteʒe]
bracconiere (m)	braconnier (m)	[brakɔnje]
tagliola (f) (~ per orsi)	piège (m) à mâchoires	[pjɛʒ a maʃwar]

| raccogliere (vt) | cueillir (vt) | [kœjir] |
| perdersi (vr) | s'égarer (vp) | [segare] |

84. Risorse naturali

risorse (f pl) naturali	ressources (f pl) naturelles	[rəsurs natyrɛl]
minerali (m pl)	minéraux (m pl)	[minero]
deposito (m) (~ di carbone)	gisement (m)	[ʒizmɑ̃]
giacimento (m) (~ petrolifero)	champ (m)	[ʃɑ̃]

estrarre (vt)	extraire (vt)	[ɛkstrɛr]
estrazione (f)	extraction (f)	[ɛkstraksjɔ̃]
minerale (m) grezzo	minerai (m)	[minrɛ]
miniera (f)	mine (f)	[min]
pozzo (m) di miniera	puits (m) de mine	[pɥi də min]
minatore (m)	mineur (m)	[minœr]

| gas (m) | gaz (m) | [gaz] |
| gasdotto (m) | gazoduc (m) | [gazɔdyk] |

petrolio (m)	pétrole (m)	[petrɔl]
oleodotto (m)	pipeline (m)	[piplin]
torre (f) di estrazione	tour (f) de forage	[tur də fɔraʒ]

torre (f) di trivellazione	**derrick** (m)	[derik]
petroliera (f)	**pétrolier** (m)	[petrɔlje]
sabbia (f)	**sable** (m)	[sabl]
calcare (m)	**calcaire** (m)	[kalkɛr]
ghiaia (f)	**gravier** (m)	[gravje]
torba (f)	**tourbe** (f)	[turb]
argilla (f)	**argile** (f)	[arʒil]
carbone (m)	**charbon** (m)	[ʃarbɔ̃]
ferro (m)	**fer** (m)	[fɛr]
oro (m)	**or** (m)	[ɔr]
argento (m)	**argent** (m)	[arʒɑ̃]
nichel (m)	**nickel** (m)	[nikɛl]
rame (m)	**cuivre** (m)	[kɥivr]
zinco (m)	**zinc** (m)	[zɛ̃g]
manganese (m)	**manganèse** (m)	[mɑ̃ganɛz]
mercurio (m)	**mercure** (m)	[mɛrkyr]
piombo (m)	**plomb** (m)	[plɔ̃]
minerale (m)	**minéral** (m)	[mineral]
cristallo (m)	**cristal** (m)	[kristal]
marmo (m)	**marbre** (m)	[marbr]
uranio (m)	**uranium** (m)	[yranjɔm]

85. Tempo

tempo (m)	**temps** (m)	[tɑ̃]
previsione (f) del tempo	**météo** (f)	[meteo]
temperatura (f)	**température** (f)	[tɑ̃peratyr]
termometro (m)	**thermomètre** (m)	[tɛrmɔmɛtr]
barometro (m)	**baromètre** (m)	[barɔmɛtr]
umido (agg)	**humide** (agg)	[ymid]
umidità (f)	**humidité** (f)	[ymidite]
caldo (m), afa (f)	**chaleur** (f)	[ʃalœr]
molto caldo (agg)	**torride** (agg)	[tɔrid]
fa molto caldo	**il fait très chaud**	[il fɛ trɛ ʃo]
fa caldo	**il fait chaud**	[il fɛʃo]
caldo, mite (agg)	**chaud** (agg)	[ʃo]
fa freddo	**il fait froid**	[il fɛ frwa]
freddo (agg)	**froid** (agg)	[frwa]
sole (m)	**soleil** (m)	[sɔlɛj]
splendere (vi)	**briller** (vi)	[brije]
di sole (una giornata ~)	**ensoleillé** (agg)	[ɑ̃sɔleje]
sorgere, levarsi (vr)	**se lever** (vp)	[sə ləve]
tramontare (vi)	**se coucher** (vp)	[sə kuʃe]
nuvola (f)	**nuage** (m)	[nɥaʒ]
nuvoloso (agg)	**nuageux** (agg)	[nɥaʒø]

nube (f) di pioggia	nuée (f)	[nɥe]
nuvoloso (agg)	sombre (agg)	[sɔ̃br]
pioggia (f)	pluie (f)	[plɥi]
piove	il pleut	[il plø]
piovoso (agg)	pluvieux (agg)	[plyvjø]
piovigginare (vi)	bruiner (v imp)	[brɥine]
pioggia (f) torrenziale	pluie (f) torrentielle	[plɥi tɔrɑ̃sjɛl]
acquazzone (m)	averse (f)	[avɛrs]
forte (una ~ pioggia)	forte (agg)	[fɔrt]
pozzanghera (f)	flaque (f)	[flak]
bagnarsi (~ sotto la pioggia)	se faire mouiller	[sə fɛr muje]
foschia (f), nebbia (f)	brouillard (m)	[brujar]
nebbioso (agg)	brumeux (agg)	[brymø]
neve (f)	neige (f)	[nɛʒ]
nevica	il neige	[il nɛʒ]

86. Rigide condizioni metereologiche. Disastri naturali

temporale (m)	orage (m)	[ɔraʒ]
fulmine (f)	éclair (m)	[eklɛr]
lampeggiare (vi)	éclater (vi)	[eklate]
tuono (m)	tonnerre (m)	[tɔnɛr]
tuonare (vi)	gronder (vi)	[grɔ̃de]
tuona	le tonnerre gronde	[lə tɔnɛr grɔ̃d]
grandine (f)	grêle (f)	[grɛl]
grandina	il grêle	[il grɛl]
inondare (vt)	inonder (vt)	[inɔ̃de]
inondazione (f)	inondation (f)	[inɔ̃dasjɔ̃]
terremoto (m)	tremblement (m) de terre	[trɑ̃bləmɑ̃ də tɛr]
scossa (f)	secousse (f)	[səkus]
epicentro (m)	épicentre (m)	[episɑ̃tr]
eruzione (f)	éruption (f)	[erypsjɔ̃]
lava (f)	lave (f)	[lav]
tromba (f) d'aria	tourbillon (m)	[turbijɔ̃]
tornado (m)	tornade (f)	[tɔrnad]
tifone (m)	typhon (m)	[tifɔ̃]
uragano (m)	ouragan (m)	[uragɑ̃]
tempesta (f)	tempête (f)	[tɑ̃pɛt]
tsunami (m)	tsunami (m)	[tsynami]
ciclone (m)	cyclone (m)	[siklon]
maltempo (m)	intempéries (f pl)	[ɛ̃tɑ̃peri]
incendio (m)	incendie (m)	[ɛ̃sɑ̃di]
disastro (m)	catastrophe (f)	[katastrɔf]

meteorite (m)	**météorite** (m)	[meteɔrit]
valanga (f)	**avalanche** (f)	[avalɑ̃ʃ]
slavina (f)	**éboulement** (m)	[ebulmɑ̃]
tempesta (f) di neve	**blizzard** (m)	[blizar]
bufera (f) di neve	**tempête** (f) **de neige**	[tɑ̃pɛt də nɛʒ]

FAUNA

87. Mammiferi. Predatori

predatore (m)	**prédateur** (m)	[predatœr]
tigre (f)	**tigre** (m)	[tigr]
leone (m)	**lion** (m)	[ljɔ̃]
lupo (m)	**loup** (m)	[lu]
volpe (m)	**renard** (m)	[rənar]
giaguaro (m)	**jaguar** (m)	[ʒagwar]
leopardo (m)	**léopard** (m)	[leɔpar]
ghepardo (m)	**guépard** (m)	[gepar]
pantera (f)	**panthère** (f)	[pɑ̃tɛr]
puma (f)	**puma** (m)	[pyma]
leopardo (m) delle nevi	**léopard** (m) **de neiges**	[leɔpar də nɛʒ]
lince (f)	**lynx** (m)	[lɛ̃ks]
coyote (m)	**coyote** (m)	[kɔjɔt]
sciacallo (m)	**chacal** (m)	[ʃakal]
iena (f)	**hyène** (f)	[jɛn]

88. Animali selvatici

animale (m)	**animal** (m)	[animal]
bestia (f)	**bête** (f)	[bɛt]
scoiattolo (m)	**écureuil** (m)	[ekyrœj]
riccio (m)	**hérisson** (m)	[erisɔ̃]
lepre (f)	**lièvre** (m)	[ljɛvr]
coniglio (m)	**lapin** (m)	[lapɛ̃]
tasso (m)	**blaireau** (m)	[blɛro]
procione (f)	**raton** (m)	[ratɔ̃]
criceto (m)	**hamster** (m)	[amstɛr]
marmotta (f)	**marmotte** (f)	[marmɔt]
talpa (f)	**taupe** (f)	[top]
topo (m)	**souris** (f)	[suri]
ratto (m)	**rat** (m)	[ra]
pipistrello (m)	**chauve-souris** (f)	[ʃovsuri]
ermellino (m)	**hermine** (f)	[ɛrmin]
zibellino (m)	**zibeline** (f)	[ziblin]
martora (f)	**martre** (f)	[martr]
donnola (f)	**belette** (f)	[bəlɛt]
visone (m)	**vison** (m)	[vizɔ̃]

castoro (m)	**castor** (m)	[kastɔr]
lontra (f)	**loutre** (f)	[lutr]

cavallo (m)	**cheval** (m)	[ʃəval]
alce (m)	**élan** (m)	[elɑ̃]
cervo (m)	**cerf** (m)	[sɛr]
cammello (m)	**chameau** (m)	[ʃamo]

bisonte (m) americano	**bison** (m)	[bizɔ̃]
bisonte (m) europeo	**aurochs** (m)	[orɔk]
bufalo (m)	**buffle** (m)	[byfl]

zebra (f)	**zèbre** (m)	[zɛbr]
antilope (f)	**antilope** (f)	[ãtilɔp]
capriolo (m)	**chevreuil** (m)	[ʃəvrœj]
daino (m)	**biche** (f)	[biʃ]
camoscio (m)	**chamois** (m)	[ʃamwa]
cinghiale (m)	**sanglier** (m)	[sãglije]

balena (f)	**baleine** (f)	[balɛn]
foca (f)	**phoque** (m)	[fɔk]
tricheco (m)	**morse** (m)	[mɔrs]
otaria (f)	**ours** (m) **de mer**	[urs də mɛr]
delfino (m)	**dauphin** (m)	[dofɛ̃]

orso (m)	**ours** (m)	[urs]
orso (m) bianco	**ours** (m) **blanc**	[urs blɑ̃]
panda (m)	**panda** (m)	[pãda]

scimmia (f)	**singe** (m)	[sɛ̃ʒ]
scimpanzè (m)	**chimpanzé** (m)	[ʃɛ̃pɑ̃ze]
orango (m)	**orang-outang** (m)	[ɔrɑ̃utɑ̃]
gorilla (m)	**gorille** (m)	[gɔrij]
macaco (m)	**macaque** (m)	[makak]
gibbone (m)	**gibbon** (m)	[ʒibɔ̃]

elefante (m)	**éléphant** (m)	[elefɑ̃]
rinoceronte (m)	**rhinocéros** (m)	[rinɔserɔs]
giraffa (f)	**girafe** (f)	[ʒiraf]
ippopotamo (m)	**hippopotame** (m)	[ipɔpotam]

canguro (m)	**kangourou** (m)	[kãguru]
koala (m)	**koala** (m)	[kɔala]

mangusta (f)	**mangouste** (f)	[mãgust]
cincillà (f)	**chinchilla** (m)	[ʃɛ̃ʃila]
moffetta (f)	**mouffette** (f)	[mufɛt]
istrice (m)	**porc-épic** (m)	[pɔrkepik]

89. Animali domestici

gatta (f)	**chat** (m)	[ʃa]
gatto (m)	**chat** (m)	[ʃa]
cane (m)	**chien** (m)	[ʃjɛ̃]

cavallo (m)	cheval (m)	[ʃəval]
stallone (m)	étalon (m)	[etalõ]
giumenta (f)	jument (f)	[ʒymã]

mucca (f)	vache (f)	[vaʃ]
toro (m)	taureau (m)	[tɔro]
bue (m)	bœuf (m)	[bœf]

pecora (f)	brebis (f)	[brəbi]
montone (m)	mouton (m)	[mutõ]
capra (f)	chèvre (f)	[ʃɛvr]
caprone (m)	bouc (m)	[buk]

| asino (m) | âne (m) | [ɑn] |
| mulo (m) | mulet (m) | [mylɛ] |

porco (m)	cochon (m)	[kɔʃõ]
porcellino (m)	pourceau (m)	[purso]
coniglio (m)	lapin (m)	[lapɛ̃]

| gallina (f) | poule (f) | [pul] |
| gallo (m) | coq (m) | [kɔk] |

anatra (f)	canard (m)	[kanar]
maschio (m) dell'anatra	canard (m) mâle	[kanar mal]
oca (f)	oie (f)	[wa]

| tacchino (m) | dindon (m) | [dɛ̃dõ] |
| tacchina (f) | dinde (f) | [dɛ̃d] |

animali (m pl) domestici	animaux (m pl) domestiques	[animo dɔmɛstik]
addomesticato (agg)	apprivoisé (agg)	[aprivwaze]
addomesticare (vt)	apprivoiser (vt)	[aprivwaze]
allevare (vt)	élever (vt)	[elve]

fattoria (f)	ferme (f)	[fɛrm]
pollame (m)	volaille (f)	[vɔlaj]
bestiame (m)	bétail (m)	[betaj]
branco (m), mandria (f)	troupeau (m)	[trupo]

scuderia (f)	écurie (f)	[ekyri]
porcile (m)	porcherie (f)	[pɔrʃəri]
stalla (f)	vacherie (f)	[vaʃri]
conigliera (f)	cabane (f) à lapins	[kaban ɑ lapɛ̃]
pollaio (m)	poulailler (m)	[pulaje]

90. Uccelli

uccello (m)	oiseau (m)	[wazo]
colombo (m), piccione (m)	pigeon (m)	[piʒõ]
passero (m)	moineau (m)	[mwano]
cincia (f)	mésange (f)	[mezãʒ]
gazza (f)	pie (f)	[pi]
corvo (m)	corbeau (m)	[kɔrbo]

cornacchia (f)	corneille (f)	[kɔrnɛj]
taccola (f)	choucas (m)	[ʃuka]
corvo (m) comune	freux (m)	[frø]
anatra (f)	canard (m)	[kanar]
oca (f)	oie (f)	[wa]
fagiano (m)	faisan (m)	[fəzɑ̃]
aquila (f)	aigle (m)	[ɛgl]
astore (m)	épervier (m)	[epɛrvje]
falco (m)	faucon (m)	[fokɔ̃]
grifone (m)	vautour (m)	[votur]
condor (m)	condor (m)	[kɔ̃dɔr]
cigno (m)	cygne (m)	[siɲ]
gru (f)	grue (f)	[gry]
cicogna (f)	cigogne (f)	[sigɔɲ]
pappagallo (m)	perroquet (m)	[perɔkɛ]
colibrì (m)	colibri (m)	[kɔlibri]
pavone (m)	paon (m)	[pɑ̃]
struzzo (m)	autruche (f)	[otryʃ]
airone (m)	héron (m)	[erɔ̃]
fenicottero (m)	flamant (m)	[flamɑ̃]
pellicano (m)	pélican (m)	[pelikɑ̃]
usignolo (m)	rossignol (m)	[rɔsiɲɔl]
rondine (f)	hirondelle (f)	[irɔ̃dɛl]
tordo (m)	merle (m)	[mɛrl]
tordo (m) sasello	grive (f)	[griv]
merlo (m)	merle (m) noir	[mɛrl nwar]
rondone (m)	martinet (m)	[martinɛ]
allodola (f)	alouette (f) des champs	[alwɛt de ʃɑ̃]
quaglia (f)	caille (f)	[kaj]
picchio (m)	pivert (m)	[pivɛr]
cuculo (m)	coucou (m)	[kuku]
civetta (f)	chouette (f)	[ʃwɛt]
gufo (m) reale	hibou (m)	[ibu]
urogallo (m)	tétras (m)	[tetra]
fagiano (m) di monte	tétras-lyre (m)	[tetralir]
pernice (f)	perdrix (f)	[pɛrdri]
storno (m)	étourneau (m)	[eturno]
canarino (m)	canari (m)	[kanari]
francolino (m) di monte	gélinotte (f) des bois	[ʒelinɔt də bwa]
fringuello (m)	pinson (m)	[pɛ̃sɔ̃]
ciuffolotto (m)	bouvreuil (m)	[buvrœj]
gabbiano (m)	mouette (f)	[mwɛt]
albatro (m)	albatros (m)	[albatros]
pinguino (m)	pingouin (m)	[pɛ̃gwɛ̃]

91. Pesci. Animali marini

abramide (f)	brème (f)	[brɛm]
carpa (f)	carpe (f)	[karp]
perca (f)	perche (f)	[pɛrʃ]
pesce (m) gatto	silure (m)	[silyr]
luccio (m)	brochet (m)	[brɔʃɛ]

salmone (m)	saumon (m)	[somɔ̃]
storione (m)	esturgeon (m)	[ɛstyrʒɔ̃]

aringa (f)	hareng (m)	[arɑ̃]
salmone (m)	saumon (m) atlantique	[somɔ̃ atlɑ̃tik]
scombro (m)	maquereau (m)	[makro]
sogliola (f)	flet (m)	[flɛ]

lucioperca (f)	sandre (f)	[sɑ̃dr]
merluzzo (m)	morue (f)	[mɔry]
tonno (m)	thon (m)	[tɔ̃]
trota (f)	truite (f)	[trɥit]

anguilla (f)	anguille (f)	[ɑ̃gij]
torpedine (f)	torpille (f)	[tɔrpij]
murena (f)	murène (f)	[myrɛn]
piranha (f)	piranha (m)	[piraɲa]

squalo (m)	requin (m)	[rəkɛ̃]
delfino (m)	dauphin (m)	[dofɛ̃]
balena (f)	baleine (f)	[balɛn]

granchio (m)	crabe (m)	[krab]
medusa (f)	méduse (f)	[medyz]
polpo (m)	pieuvre (f), poulpe (m)	[pjœvr], [pulp]

stella (f) marina	étoile (f) de mer	[etwal də mɛr]
riccio (m) di mare	oursin (m)	[ursɛ̃]
cavalluccio (m) marino	hippocampe (m)	[ipɔkɑ̃p]

ostrica (f)	huître (f)	[ɥitr]
gamberetto (m)	crevette (f)	[krəvɛt]
astice (m)	homard (m)	[ɔmar]
aragosta (f)	langoustine (f)	[lɑ̃gustin]

92. Anfibi. Rettili

serpente (m)	serpent (m)	[sɛrpɑ̃]
velenoso (agg)	venimeux (agg)	[vənimø]

vipera (f)	vipère (f)	[vipɛr]
cobra (m)	cobra (m)	[kɔbra]
pitone (m)	python (m)	[pitɔ̃]
boa (m)	boa (m)	[bɔa]
biscia (f)	couleuvre (f)	[kulœvr]

serpente (m) a sonagli	**serpent** (m) **à sonnettes**	[sɛrpɑ̃ ɑ sɔnɛt]
anaconda (f)	**anaconda** (m)	[anakɔ̃da]

lucertola (f)	**lézard** (m)	[lezar]
iguana (f)	**iguane** (m)	[igwan]
varano (m)	**varan** (m)	[varɑ̃]
salamandra (f)	**salamandre** (f)	[salamɑ̃dr]
camaleonte (m)	**caméléon** (m)	[kameleɔ̃]
scorpione (m)	**scorpion** (m)	[skɔrpjɔ̃]

tartaruga (f)	**tortue** (f)	[tɔrty]
rana (f)	**grenouille** (f)	[grənuj]
rospo (m)	**crapaud** (m)	[krapo]
coccodrillo (m)	**crocodile** (m)	[krɔkɔdil]

93. Insetti

insetto (m)	**insecte** (m)	[ɛ̃sɛkt]
farfalla (f)	**papillon** (m)	[papijɔ̃]
formica (f)	**fourmi** (f)	[furmi]
mosca (f)	**mouche** (f)	[muʃ]
zanzara (f)	**moustique** (m)	[mustik]
scarabeo (m)	**scarabée** (m)	[skarabe]

vespa (f)	**guêpe** (f)	[gɛp]
ape (f)	**abeille** (f)	[abɛj]
bombo (m)	**bourdon** (m)	[burdɔ̃]
tafano (m)	**œstre** (m)	[ɛstr]

ragno (m)	**araignée** (f)	[areɲe]
ragnatela (f)	**toile** (f) **d'araignée**	[twal dareɲe]

libellula (f)	**libellule** (f)	[libelyl]
cavalletta (f)	**sauterelle** (f)	[sotrɛl]
farfalla (f) notturna	**papillon** (m)	[papijɔ̃]

scarafaggio (m)	**cafard** (m)	[kafar]
zecca (f)	**tique** (f)	[tik]
pulce (f)	**puce** (f)	[pys]
moscerino (m)	**moucheron** (m)	[muʃrɔ̃]

locusta (f)	**criquet** (m)	[krikɛ]
lumaca (f)	**escargot** (m)	[ɛskargo]
grillo (m)	**grillon** (m)	[grijɔ̃]
lucciola (f)	**luciole** (f)	[lysjɔl]
coccinella (f)	**coccinelle** (f)	[kɔksinɛl]
maggiolino (m)	**hanneton** (m)	[antɔ̃]

sanguisuga (f)	**sangsue** (f)	[sɑ̃sy]
bruco (m)	**chenille** (f)	[ʃənij]
verme (m)	**ver** (m)	[vɛr]
larva (f)	**larve** (f)	[larv]

FLORA

94. Alberi

albero (m)	**arbre** (m)	[arbr]
deciduo (agg)	**à feuilles caduques**	[a fœj kadyk]
conifero (agg)	**conifère** (agg)	[kɔnifɛr]
sempreverde (agg)	**à feuilles persistantes**	[a fœj pɛrsistɑ̃t]
melo (m)	**pommier** (m)	[pɔmje]
pero (m)	**poirier** (m)	[pwarje]
ciliegio (m)	**merisier** (m)	[mərizje]
amareno (m)	**cerisier** (m)	[sərizje]
prugno (m)	**prunier** (m)	[prynje]
betulla (f)	**bouleau** (m)	[bulo]
quercia (f)	**chêne** (m)	[ʃɛn]
tiglio (m)	**tilleul** (m)	[tijœl]
pioppo (m) tremolo	**tremble** (m)	[trɑ̃bl]
acero (m)	**érable** (m)	[erabl]
abete (m)	**épicéa** (m)	[episea]
pino (m)	**pin** (m)	[pɛ̃]
larice (m)	**mélèze** (m)	[melɛz]
abete (m) bianco	**sapin** (m)	[sapɛ̃]
cedro (m)	**cèdre** (m)	[sɛdr]
pioppo (m)	**peuplier** (m)	[pøplije]
sorbo (m)	**sorbier** (m)	[sɔrbje]
salice (m)	**saule** (m)	[sol]
alno (m)	**aune** (m)	[on]
faggio (m)	**hêtre** (m)	[ɛtr]
olmo (m)	**orme** (m)	[ɔrm]
frassino (m)	**frêne** (m)	[frɛn]
castagno (m)	**marronnier** (m)	[marɔnje]
magnolia (f)	**magnolia** (m)	[maɲɔlja]
palma (f)	**palmier** (m)	[palmje]
cipresso (m)	**cyprès** (m)	[siprɛ]
mangrovia (f)	**palétuvier** (m)	[paletyvje]
baobab (m)	**baobab** (m)	[baɔbab]
eucalipto (m)	**eucalyptus** (m)	[økaliptys]
sequoia (f)	**séquoia** (m)	[sekɔja]

95. Arbusti

cespuglio (m)	**buisson** (m)	[bɥisɔ̃]
arbusto (m)	**arbrisseau** (m)	[arbriso]

vite (f)	**vigne** (f)	[viɲ]
vigneto (m)	**vigne** (f)	[viɲ]
lampone (m)	**framboise** (f)	[frɑ̃bwaz]
ribes (m) nero	**cassis** (m)	[kasis]
ribes (m) rosso	**groseille** (f) **rouge**	[grozɛj ruʒ]
uva (f) spina	**groseille** (f) **verte**	[grozɛj vɛrt]
acacia (f)	**acacia** (m)	[akasja]
crespino (m)	**berbéris** (m)	[bɛrberis]
gelsomino (m)	**jasmin** (m)	[ʒasmɛ̃]
ginepro (m)	**genévrier** (m)	[ʒənevrije]
roseto (m)	**rosier** (m)	[rozje]
rosa (f) canina	**églantier** (m)	[eglɑ̃tje]

96. Frutti. Bacche

frutto (m)	**fruit** (m)	[frɥi]
frutti (m pl)	**fruits** (m pl)	[frɥi]
mela (f)	**pomme** (f)	[pɔm]
pera (f)	**poire** (f)	[pwar]
prugna (f)	**prune** (f)	[pryn]
fragola (f)	**fraise** (f)	[frɛz]
amarena (f)	**cerise** (f)	[səriz]
ciliegia (f)	**merise** (f)	[məriz]
uva (f)	**raisin** (m)	[rɛzɛ̃]
lampone (m)	**framboise** (f)	[frɑ̃bwaz]
ribes (m) nero	**cassis** (m)	[kasis]
ribes (m) rosso	**groseille** (f) **rouge**	[grozɛj ruʒ]
uva (f) spina	**groseille** (f) **verte**	[grozɛj vɛrt]
mirtillo (m) di palude	**canneberge** (f)	[kanbɛrʒ]
arancia (f)	**orange** (f)	[ɔrɑ̃ʒ]
mandarino (m)	**mandarine** (f)	[mɑ̃darin]
ananas (m)	**ananas** (m)	[anana]
banana (f)	**banane** (f)	[banan]
dattero (m)	**datte** (f)	[dat]
limone (m)	**citron** (m)	[sitrɔ̃]
albicocca (f)	**abricot** (m)	[abriko]
pesca (f)	**pêche** (f)	[pɛʃ]
kiwi (m)	**kiwi** (m)	[kiwi]
pompelmo (m)	**pamplemousse** (m)	[pɑ̃pləmus]
bacca (f)	**baie** (f)	[bɛ]
bacche (f pl)	**baies** (f pl)	[bɛ]
mirtillo (m) rosso	**airelle** (f) **rouge**	[ɛrɛl ruʒ]
fragola (f) di bosco	**fraise** (f) **des bois**	[frɛz de bwa]
mirtillo (m)	**myrtille** (f)	[mirtij]

97. Fiori. Piante

fiore (m)	fleur (f)	[flœr]
mazzo (m) di fiori	bouquet (m)	[bukɛ]
rosa (f)	rose (f)	[roz]
tulipano (m)	tulipe (f)	[tylip]
garofano (m)	oeillet (m)	[œjɛ]
gladiolo (m)	glaïeul (m)	[glajœl]
fiordaliso (m)	bleuet (m)	[bløɛ]
campanella (f)	campanule (f)	[kɑ̃panyl]
soffione (m)	dent-de-lion (f)	[dɑ̃dəljɔ̃]
camomilla (f)	marguerite (f)	[margərit]
aloe (m)	aloès (m)	[alɔɛs]
cactus (m)	cactus (m)	[kaktys]
ficus (m)	ficus (m)	[fikys]
giglio (m)	lis (m)	[li]
geranio (m)	géranium (m)	[ʒeranjɔm]
giacinto (m)	jacinthe (f)	[ʒasɛ̃t]
mimosa (f)	mimosa (m)	[mimɔza]
narciso (m)	jonquille (f)	[ʒɔ̃kij]
nasturzio (m)	capucine (f)	[kapysin]
orchidea (f)	orchidée (f)	[ɔrkide]
peonia (f)	pivoine (f)	[pivwan]
viola (f)	violette (f)	[vjɔlɛt]
viola (f) del pensiero	pensée (f)	[pɑ̃se]
nontiscordardimé (m)	myosotis (m)	[mjɔzɔtis]
margherita (f)	pâquerette (f)	[pɑkrɛt]
papavero (m)	coquelicot (m)	[kɔkliko]
canapa (f)	chanvre (m)	[ʃɑ̃vr]
menta (f)	menthe (f)	[mɑ̃t]
mughetto (m)	muguet (m)	[mygɛ]
bucaneve (m)	perce-neige (f)	[pɛrsənɛʒ]
ortica (f)	ortie (f)	[ɔrti]
acetosa (f)	oseille (f)	[ozɛj]
ninfea (f)	nénuphar (m)	[nenyfar]
felce (f)	fougère (f)	[fuʒɛr]
lichene (m)	lichen (m)	[likɛn]
serra (f)	serre (f) tropicale	[sɛr trɔpikal]
prato (m) erboso	gazon (m)	[gazɔ̃]
aiuola (f)	parterre (m) de fleurs	[partɛr də flœr]
pianta (f)	plante (f)	[plɑ̃t]
erba (f)	herbe (f)	[ɛrb]
filo (m) d'erba	brin (m) d'herbe	[brɛ̃ dɛrb]

foglia (f)	feuille (f)	[fœj]
petalo (m)	pétale (m)	[petal]
stelo (m)	tige (f)	[tiʒ]
tubero (m)	tubercule (m)	[tybɛrkyl]

germoglio (m)	pousse (f)	[pus]
spina (f)	épine (f)	[epin]

fiorire (vi)	fleurir (vi)	[flœrir]
appassire (vi)	se faner (vp)	[sə fane]
odore (m), profumo (m)	odeur (f)	[ɔdœr]
tagliare (~ i fiori)	couper (vt)	[kupe]
cogliere (vt)	cueillir (vt)	[kœjir]

98. Cereali, granaglie

grano (m)	grains (m pl)	[grɛ̃]
cereali (m pl)	céréales (f pl)	[sereal]
spiga (f)	épi (m)	[epi]

frumento (m)	blé (m)	[ble]
segale (f)	seigle (m)	[sɛgl]
avena (f)	avoine (f)	[avwan]
miglio (m)	millet (m)	[mijɛ]
orzo (m)	orge (f)	[ɔrʒ]

mais (m)	maïs (m)	[mais]
riso (m)	riz (m)	[ri]
grano (m) saraceno	sarrasin (m)	[sarazɛ̃]

pisello (m)	pois (m)	[pwa]
fagiolo (m)	haricot (m)	[ariko]
soia (f)	soja (m)	[sɔʒa]
lenticchie (f pl)	lentille (f)	[lɑ̃tij]

PAESI

99. Paesi. Parte 1

Italiano	Francese	Pronuncia
Afghanistan (m)	Afghanistan (m)	[afganistã]
Albania (f)	Albanie (f)	[albani]
Arabia Saudita (f)	Arabie (f) Saoudite	[arabi saudit]
Argentina (f)	Argentine (f)	[arʒãtin]
Armenia (f)	Arménie (f)	[armeni]
Australia (f)	Australie (f)	[ostrali]
Austria (f)	Autriche (f)	[otriʃ]
Azerbaigian (m)	Azerbaïdjan (m)	[azɛrbajdʒã]
Le Bahamas	Bahamas (f pl)	[baamas]
Bangladesh (m)	Bangladesh (m)	[bãgladɛʃ]
Belgio (m)	Belgique (f)	[bɛlʒik]
Bielorussia (f)	Biélorussie (f)	[bjelɔrysi]
Birmania (f)	Myanmar (m)	[mjanmar]
Bolivia (f)	Bolivie (f)	[bɔlivi]
Bosnia-Erzegovina (f)	Bosnie (f)	[bɔsni]
Brasile (m)	Brésil (m)	[brezil]
Bulgaria (f)	Bulgarie (f)	[bylgari]
Cambogia (f)	Cambodge (m)	[kãbɔdʒ]
Canada (m)	Canada (m)	[kanada]
Cile (m)	Chili (m)	[ʃili]
Cina (f)	Chine (f)	[ʃin]
Cipro (m)	Chypre (m)	[ʃipr]
Colombia (f)	Colombie (f)	[kɔlõbi]
Corea (f) del Nord	Corée (f) du Nord	[kɔre dy nɔr]
Corea (f) del Sud	Corée (f) du Sud	[kɔre dy syd]
Croazia (f)	Croatie (f)	[krɔasi]
Cuba (f)	Cuba (f)	[kyba]
Danimarca (f)	Danemark (m)	[danmark]
Ecuador (m)	Équateur (m)	[ekwatœr]
Egitto (m)	Égypte (f)	[eʒipt]
Emirati (m pl) Arabi	Fédération (f) des Émirats Arabes Unis	[federasjõ dezemira arabzyni]
Estonia (f)	Estonie (f)	[ɛstɔni]
Finlandia (f)	Finlande (f)	[fɛ̃lɑ̃d]
Francia (f)	France (f)	[frãs]

100. Paesi. Parte 2

Italiano	Francese	Pronuncia
Georgia (f)	Géorgie (f)	[ʒeɔrʒi]
Germania (f)	Allemagne (f)	[almaɲ]
Ghana (m)	Ghana (m)	[gana]

Giamaica (f)	Jamaïque (f)	[ʒamaik]
Giappone (m)	Japon (m)	[ʒapɔ̃]
Giordania (f)	Jordanie (f)	[ʒɔrdani]
Gran Bretagna (f)	Grande-Bretagne (f)	[grɑ̃dbrətaɲ]
Grecia (f)	Grèce (f)	[grɛs]

Haiti (m)	Haïti (m)	[aiti]
India (f)	Inde (f)	[ɛ̃d]
Indonesia (f)	Indonésie (f)	[ɛ̃dɔnezi]
Inghilterra (f)	Angleterre (f)	[ɑ̃glətɛr]
Iran (m)	Iran (m)	[irɑ̃]
Iraq (m)	Iraq (m)	[irak]
Irlanda (f)	Irlande (f)	[irlɑ̃d]
Islanda (f)	Islande (f)	[islɑ̃d]
Israele (m)	Israël (m)	[israɛl]
Italia (f)	Italie (f)	[itali]

Kazakistan (m)	Kazakhstan (m)	[kazakstɑ̃]
Kenya (m)	Kenya (m)	[kenja]
Kirghizistan (m)	Kirghizistan (m)	[kirgizistɑ̃]
Kuwait (m)	Koweït (m)	[kɔwɛjt]

Laos (m)	Laos (m)	[laos]
Lettonia (f)	Lettonie (f)	[lɛtɔni]
Libano (m)	Liban (m)	[libɑ̃]
Libia (f)	Libye (f)	[libi]
Liechtenstein (m)	Liechtenstein (m)	[liʃtɛnʃtajn]
Lituania (f)	Lituanie (f)	[lityani]
Lussemburgo (m)	Luxembourg (m)	[lyksɑ̃bur]

Macedonia (f)	Macédoine (f)	[masedwan]
Madagascar (m)	Madagascar (f)	[madagaskar]
Malesia (f)	Malaisie (f)	[malɛzi]
Malta (f)	Malte (f)	[malt]
Marocco (m)	Maroc (m)	[marɔk]
Messico (m)	Mexique (m)	[mɛksik]
Moldavia (f)	Moldavie (f)	[mɔldavi]
Monaco (m)	Monaco (m)	[mɔnako]
Mongolia (f)	Mongolie (f)	[mɔ̃gɔli]
Montenegro (m)	Monténégro (m)	[mɔ̃tenegro]

Namibia (f)	Namibie (f)	[namibi]
Nepal (m)	Népal (m)	[nepal]
Norvegia (f)	Norvège (f)	[nɔrvɛʒ]
Nuova Zelanda (f)	Nouvelle Zélande (f)	[nuvɛl zelɑ̃d]

101. Paesi. Parte 3

Paesi Bassi (m pl)	Pays-Bas (m)	[peiba]
Pakistan (m)	Pakistan (m)	[pakistɑ̃]
Palestina (f)	Palestine (f)	[palɛstin]
Panama (m)	Panamá (m)	[panama]
Paraguay (m)	Paraguay (m)	[paragwɛ]
Perù (m)	Pérou (m)	[peru]

Polinesia (f) Francese	Polynésie (f) Française	[polinezi frãsɛz]
Polonia (f)	Pologne (f)	[pɔlɔɲ]
Portogallo (f)	Portugal (m)	[pɔrtygal]

Repubblica (f) Ceca	République (f) Tchèque	[repyblik tʃɛk]
Repubblica (f) Dominicana	République (f) Dominicaine	[repyblik dɔminikɛn]
Repubblica (f) Sudafricana	République (f) Sud-africaine	[repyblik sydafrikɛn]
Romania (f)	Roumanie (f)	[rumani]
Russia (f)	Russie (f)	[rysi]

Scozia (f)	Écosse (f)	[ekɔs]
Senegal (m)	Sénégal (m)	[senegal]
Serbia (f)	Serbie (f)	[sɛrbi]
Siria (f)	Syrie (f)	[siri]
Slovacchia (f)	Slovaquie (f)	[slɔvaki]
Slovenia (f)	Slovénie (f)	[slɔveni]

Spagna (f)	Espagne (f)	[ɛspaɲ]
Stati (m pl) Uniti d'America	les États Unis	[lezeta zyni]
Suriname (m)	Surinam (m)	[syrinam]
Svezia (f)	Suède (f)	[sɥɛd]
Svizzera (f)	Suisse (f)	[sɥis]

Tagikistan (m)	Tadjikistan (m)	[tadʒikistã]
Tailandia (f)	Thaïlande (f)	[tajlãd]
Taiwan (m)	Taïwan (m)	[tajwan]
Tanzania (f)	Tanzanie (f)	[tãzani]
Tasmania (f)	Tasmanie (f)	[tasmani]
Tunisia (f)	Tunisie (f)	[tynizi]
Turchia (f)	Turquie (f)	[tyrki]
Turkmenistan (m)	Turkménistan (m)	[tyrkmenistã]

Ucraina (f)	Ukraine (f)	[ykrɛn]
Ungheria (f)	Hongrie (f)	[õgri]
Uruguay (m)	Uruguay (m)	[yrygwɛ]
Uzbekistan (m)	Ouzbékistan (m)	[uzbekistã]

Vaticano (m)	Vatican (m)	[vatikã]
Venezuela (f)	Venezuela (f)	[venezɥela]
Vietnam (m)	Vietnam (m)	[vjɛtnam]
Zanzibar	Zanzibar (m)	[zãzibar]

Printed in Great Britain
by Amazon